做从容的父母

尹烨 著

SPM 南方传媒 | 广东经济出版社

·广州·

果麦文化 出品

自序

一个人如果觉得自己“混得还不错”，首先得感谢父母。因为谈起教育，我基本上没啥发言权，至少我的父母会比我更有说服力。我爸从小带我讲相声，我嘴皮子就溜起来了；我妈从小带我背古诗文，我记忆力就逐渐增强了；我爸教我写稿，我写东西就慢慢有了感觉；我妈天天带我上山抓蚂蚱，我就喜欢上了生命，最终走上生命科学的道路。

研究了二十多年基因的我，没有任何一个学位和证书是和教育相关的，而唯一稍有的实践——对大女儿的“陪伴”，在世俗的评价标准里，不到十一岁的她成绩也仅是中等。要知道每个人成为父母之时，最先能延续的当然是他小时候的印记，比如最熟悉的儿歌。故当我成为父亲，教育起自己的女儿时，也如法炮制着“文脉的传承”，带她背古诗，讲相声，夜观生物，去历史名胜之地，游各大博物馆，用实践而不是死记硬背的方式教给她知识。当然，这丝毫不影响我做好了她很有可能只会成为一个普通人的准备。我最终所希望的就是她对世界有好奇，对自己能自洽，这就够了。

我也经常会想，按照我父母的培养方式，就能再造一个“尹烨”吗？答案显然是不能。且不说过程中有太多偶然因素，而是她也根本没必要成为我。

教育是主观的，没有统一答案，这本书仅代表我的一家之言。

虽然对教育并不专业，但我深刻意识到，面对这个日趋焦虑的社会，父母的教育方式必须改变。

实际上，自古以来，人类的教育方法一直在迭代，始终在根据社会的需要和科技的发展而演进。古希腊斯巴达的教育非常严格，以军事训练为核心内容，但不重视发展人的智慧和才能；雅典讨论式的教育非常开明，但是通常比较有限；此后学徒制的教育方式虽然注重德育，但往往因为门户观念制约而不够大气，且师傅的能力和教育方式往往就成了徒弟的天花板；“铁血丞相”俾斯麦开启的义务教育在他那个时代无疑是成功的，但千篇一律的通用型人才培养已远远跟不上如今的形势；后续人们又把科学理解为“分科的学问”，将高等教育折腾得“四分五裂”后，现在又开始重新提倡“跨界融合”……当下提到教育，最热的词莫过于“双减”，可相当比例的家庭却越来越焦虑。

“慕课”（即MOOC，massive open online courses）作为大型开放式网络课程，其实是个不错的创新，很大程度上弥补了教育普及化的鸿沟，特别是对欠发达的区域而言。但任何科技皆是双刃剑，尤其是新冠肺炎疫情爆发以来，各种网课日趋普及，孩子们很难进行师生之间目光的交流，与此同时很多家庭在若干个社交平台群里交换着彼此的焦虑。相当比例的父母总爱拿孩子们比来比去，学习好了要求有特长，特长够了要求会为人处世。这就是影院效应，第一排的人站起来了，第二排的人也必须站起来，即便你不焦虑也会被别人带着焦虑，全民就这样进入集体教育焦虑的时代。

移动互联网带来的是“卷一代”，我很担心卷一代长大后，会不会继续因为攀比不如意，进而培育“卷二代”。毁了下一代的，往往就是上一代。

更让我担心的是，无论求学期间你有什么梦想、会什么特长，到了社会后大家往往会用钱、权来衡量生活中的大多数事情。现在很多家长的教育目标，就是让孩子上好大学，找好工作，挣很多钱，然后再让下一代继续上好大学，找好工作，挣更多的钱，陷入无解的循环之中。这背后当然是社会问题的缩影，然而光抱怨没用，特别是当老龄化和少子化的趋势叠加之时，我们要一起想办法破局，重点就要从破解焦虑入手。

家长对孩子焦虑，其本质上是一种“我执”，但实际上，家长应该“执我”。如果不能做到静待花开，也绝不应该拔苗助长。很多家庭教育的问题，就是寄希望于让下一代人来弥补上一代人的遗憾，这对孩子显然是不公平的。家庭是孩子的第一个学校，家长是孩子的第一任老师，故教育方式的进步首先要从改变父母的内心开始。父母要先平和下来，不断地去汲取知识，然后把焦虑转化成确定性的行动，一点一滴去实现。

一开始我们认为，改变所有事情就会幸福，到后来会发现，改变自己才是幸福的开端。或者说，能改变的只有自己，只有自己变好了，所有事情才有可能变好。

莫向外求，反求诸己。教育不是简单的知识灌输，而是用一颗心灵去影响另一颗心灵。如果你希望孩子爱看书，得先自己爱看书。如果父母经常看书，孩子就会认为看书是生活的一部分，他自然会尝试去看书；如果你希望孩子懂音乐，那就让他从小沐浴在音乐的氛围下，他自然就会去了解乐理。

每个人都是不同的种子，都有自己独特的内啡肽驱动性。孩子是上天给父母的礼物，但很长一段时间都是一个“盲盒”。父母有必要帮助孩子发现他的驱动性，而不是一味要求孩子走某条刻意规划的道路。我们必须接受自己的孩子极大概率就是个普通人——正如我们自身一样。从事一份看起来或许普通但亦有价值的工作，同时热爱生活，有烟火气，内心充盈而阳光积极，总能发现生活的美感，这样的人生难道称不上幸福吗？

经常会看到很多家长要打孩子的时候，都会默念三遍“是亲生的”。是啊，从基因的角度看，孩子会遗传父母的“血脉”，表现好的时候可以为你的基因骄傲，表现不好的时候可以让你的基因检讨。然而基因并不是全部，因为父母子女生活在一起，彼此之间的肠道菌群也会趋同，孩子还会继承父母的“菌脉”，所以我常劝父母要自己多带带孩子，更重要的是，只有亲自带才会有所谓“文脉”的传承。文脉，诸如家教家风，其实和血脉同样重要。一个小家的父母当表现出文脉应有的样子，才能耳濡目染地影响下一代，甚至影响他们新成立的小家。家是最小国，国是千万家，修身齐家后面才是治国平天下。一个又一个注重文脉的家庭，必将成为国家发展、民族进步、社会和谐的重要基点。

感谢祖父母、外祖父母，将血脉、文脉传承下来，为我塑造了一种乐观和谐的家族氛围；感谢父母，用一种温柔包容的方式影响我，使我成为一个阳光达观的人；亦感谢妻子，她的理解和陪伴温润着我；还特别感谢孩子们，愿意和我成为无话不谈的朋友，以至于终有了此书的些许感悟。

敢竭鄙诚，恭疏为序。

尹烨

目 录

第三章 万事莫要攀比　育儿必先育己

第四章 身教胜于言传　童年治愈一生

第五章 重视科技创新 呼唤多元教育

第一章

孩子岂是工具
成长才是目的

世上岂无千里马，
人中难得九方皋。

宋·黄庭坚
《过平舆怀李子先时在并州》

1.1

生命科学要求教育把人本身当作目的

人只要活着，就离不开生命科学。

人的一生，自从有意识开始，就一直在关心生命的问题，而对于生命所有的思考汇集到一起，就形成了自我的生命观。我们的日常生活离不开“生老病死”的话题，但如果在这个话题后面加上“科学”二字，那它对于每一个人来讲，意义就不太一样了。因为人们太容易在自己身上找到有关生命的映射，这时往往就需要一些科学的归纳与指导，才不至于造成错误的认知。

为什么很多骗子不会拿物理、化学或者数学这些学科的知识去进行诈骗？那是因为这些学科太难了，骗子自己也不懂。生命科学则不同，它的表现形式常与人们的生活息息相关，但人们又对其内在原理不甚了解，所以骗子只要针对这一点，运用一些“幸存者偏差”的概念，再加上其他的心理暗示，就可以很容易地把一些关于生命科学的现象，有意识地进行异化和归纳化，形成一种病毒式的传播。

比如“保健品骗局”，其实只要稍微知道一些生命科学的相关知识，就能够比较轻易地辨别。又比如说别人口中的“大仙儿”，被吹得有多么灵验，但你一般不会在大城市里遇见他们。很重要的一个原因是大城市里的人受教育程度较高，能较为轻易地辨别出真相，因此他缺乏作案的基础条件，也很容易就被执法部门给抓了。这个地球上其实并不存在所谓的“大仙儿”，但是每一个人确实都可以在一定的条件下，让自己产生一些所谓的幻觉。这些幻觉很多都是身体产生的激素或者神经递质通过大脑造成的，只要了解一些生命科学的知识，就能明白其中的原理。

我们常说，一个人不能通过揪着自己的头发从而把自己提起来，而每一个人又都注定是一个生命的载体，所以在这个意义上，生命科学所要做的事情，实际上就是把隐藏在生命这团复杂迷雾当中的一些真相给揭示出来。但在揭示真相的过程中，又要把握好社会道德问题，让大家依然心怀希望，这点就比较艰难。生命既不是冷冰冰的，也不是闹哄哄的，生命是在一堆闹哄哄的表象当中，仍存在着一些冷冰冰的原理。生命科学天然就是这么一个半冷半热的东西，它会随着人类社会的发展不断向前进步，但不管怎么进步，最终都不能脱离人这个载体而存在。

在我看来，生命科学可能会是伴随着人类走得最为久远的一个学科。甚至说，将生命科学称为“生命学”可能更合适，因为它糅杂了太多医学、哲学、心理学的内容，有很多非理性的存在，或者是无法用当下科学解释的部分。它很接近于我们所说的一个概念——已知圈越大，未知圈更大。

我所从事的正是这样一个行业，它重视生命自身的生长规律，同时强调人本身的存在价值。因此越深入地研究生命科学，我就越理解哲学家康德提出的“人是目的，不是工具”。生命科学天然地要求我们把人本身当作目的，在教育下一代的问题上，我们更应该认识到：孩子不是任何人的工具，他们只是自身的目的。

1.2

孩子不是父母的工具，成长是他们唯一的目的

自古以来，中国人就知道“道法自然”，提出此思想的哲学家老子的本意是“道从自身”，但一般人的理解是向自然学习，即要在大自然当中达到自洽、获得启示。在我看来，大自然对人类最大的启示，就是告诉我们千万不要狂妄。我们的自大、傲慢和愚蠢，是确确实实存在的，甚至已经对其他物种造成了伤害，也已经对我们形成了反噬。怎么去敬畏自然，怎么能在跟自然相处的过程中取得一种和谐的状态，其实是每个人都应该要做的功课。

在生命科学看来，无论何时何地我们都需要跟

随生命去学习，教育上也不例外。演化生物学里讲到，在整个物种演化的过程中，各个物种对后代的关注其实是越来越不一样的。大体说来，与子女产生互动是从物种演化到鸟类以后才开始的，在此之前的生物如鱼类、两栖爬行类，除极少数个体外，大部分对于后代的态度基本上是生下来就不管了。到了哺乳动物，特别是灵长类出现后，培养成本才变得越来越高。而到了人类这里，婴儿在出生后的几年如果没有父母的抚养，就基本无法生存。正是由于生物的这种演化，使得原本以数量为主的生育选择，转向了以质量为主。这是一种权衡和博弈，所以人类的生育和繁衍背后本就带着必然的生物性。

能够了解这一点，你就会明白现在为什么许多父母会觉得自己的孩子有“问题”了。很多时候，这个“问题”并不来自孩子自身，而恰恰来自父母的“我执”——你对孩子关注得太多了！上一代人的父母，面临的状况其实和今天有很大的不同，他们根本没有那么多时间和精力来关注孩子。再往上一代人，可能像我的爷爷奶奶，身边都是五六个甚至七八个孩子，那种情况下他们有可能关注其中的某一个吗？但你会发现我们这一代人和我父母那一代人的成长，并不会因为缺少一定的关注而变得更坏，也不会因为被过分关注而注定变得更好，所以说对孩子的教育更重要的还是要顺应他们成长的规律。

所谓的“教育”其实应该拆开来讲，“育”更多的是指抚养，“教”则是一种传授。人类的文脉肯定是需要通过这样的一种方式，去实现代与代之间的传递与交流。从生命科学的角度来讲，所有的物种都存在教育一说，只不过这种教育并不是人类所理解的显学意义上的教育，它更多的是一种潜移默化，就是我们一直说的耳濡目染。比如说，猫妈妈会教小猫如何上树，小鸟会跟着鸟妈妈一起去溜达，黑颈天鹅会驮着孩子到池塘里去游弋，负鼠妈妈会把很多的宝宝带在身上一起外出，袋鼠妈妈则会把孩子放在自己的育儿袋里，等待它们慢慢长大。

实际上，还是要看我们是如何定义教育的。如果我们觉得动物之间的这种行为不是“教育”的话，那其实也可以说今天很多落后国家和地区的教育都不是教育。但在我看来，动物之间的这种行为，同样是它这个层次“教育”的一种形式，就像春风化雨一般，润物细无声。如果父母能多带孩子到大自然中，去看看那些动物家庭是怎么相处交流的，可能就会让孩子更加明白，人类其实并不特殊，很多动物都和我们一样，有教育自己孩子的渴望与责任。

“教育”这个词中的“教”，到底应该读成jiào还是jiāo，可能在历朝历代也都是不一样的。师父带徒弟是一种教育，雅典学院以技术为导向的教育到今天则变成了一种传授，互联网慕课也是一种教育。所以到底是“教育”的“教”，还是“手把手教”的“教”，这个争论已经存在很多年了，其间还有各种不同形式的变化。反倒是现在这种统一标准化的教育，从某种意义上来讲可能存在着一些问题，所以大家现在都在讨论如何找到更好的教育方式。

对于这个时代，我还是希望呼唤一种多元化的教育，呼唤多元化的成功标准。父母要尽可能地鼓励孩子，给孩子营造一个能够让他们感到安全的环境，这样他们才敢于思考和表达自己的观点。现在很多孩子都被家长管得特别压抑，这令我感到非常痛心。须知，创新是自由之子，在那样一个压抑的环境中，是很难培养出孩子的想象力和创造力的。

在了解了更多生命科学的知识后，你会更容易接受生命的多样性。如果见到过许多患罕见病的孩子，看到过很多还生不出孩子的夫妻，你就会明白，今天所谓的对正常孩子进行的教育，天然就已经是一件很奢侈的事情了。如果对先天缺陷方面做过调研，你会发现这个地球上居然还有5%甚至更高比例的孩子，一生下来就是有缺憾的；你会发现时至今日非洲有些地方的新生儿死亡率仍高达20%，相较起来，这一数字可是与中华人民共和国成立之初的新生儿死亡率相当。坏事见多了，看什么都是好事，再回过头来看自己，就会认识到：人是目的，不是工具。

孩子不是父母的工具，成长是他们唯一的目的。要让孩子能够在这个地球上好好地成长下去，更重要的是让他们有安全感和幸福感。不要总拿自己孩子的方方面面去和别人比，这个要比，那个也要比，还要求都要比别人做得好。要深刻地认识到，孩子不是家长炫富炫资源的工具，更不是家长想通过教育去实现自己未达成的某些梦想的工具。他们来这个地球上，唯一的目的就是要体验自己生而为人的意义。

再进一步讲，人类只不过是地球上千千万万个物种中的一个。很多其他物种的命运都很可怜，有些物种甚至就因为人类的自大和自私而直接灭绝了，它们又得罪谁了呢？所以说，生命科学最根本的作用，就是让我们见天地、见众生、见自己。许多问题如果只从人本身出发去研究，是永远不能研究完整的。大部分人因为不研究人以外的事情，总觉得在自己的领域里无所不能，这就是为什么今天很多的家长、老师、专家都进入到一种“我执”的状态，觉得只有自己对，别人都不对。

换言之，我们要允许各种观点的互相碰撞，但首先大家的阅历、思维和逻辑，以及对任何一件事情的理解深度和广度，都应该在一个相当的水平，才能把问题继续讨论下去。今天很多的问题在小圈子内看是对的或是错的，放到更大的群体里去看恰恰是相反的结果。同理，在教育孩子的过程中，家长如果能打开自己的眼界，一定能做得比现在更好。

因此我认为，生命科学对教育最大的启示，就是让每个人都做好自己。

1.3

童年安全感的建立影响孩子的一生

幸福的童年会治愈一生，不幸的童年则要用一生去治愈。童年对人一生的影响非常之大，很重要的一个方面就是安全感的建立。

家是城堡，对此西方有句谚语：“风能进，雨能进，国王不能进。”许多国家都是用一种近似于宪法的形式，甚至是宗教条款的形式，来保护私人的财产。从这个意义上讲，回到家就相当于回到了一个安全的地方。比如在美国，如果有人强闯民宅而被房主开枪射杀，房主一般会被认定为正当防卫，不用负任何法律责任。这对私人财产其实是做了非常严格的保护。在这个意义上讲，如果一个孩子连回到家都没有安全感，那他这一生就都不太可能会有安全感。

这种不安全感在孩子有能力去破坏的时候，会表现得更加激烈。所以你会发现，很多发生家庭暴力的家庭，基本上都是因为在上一代就已经有过家庭暴力。而那些小时候没有经历过家庭暴力的孩子，这一生大概率都会比较有涵养，因为他们从小就拥有充足的安全感。所以，你不要认为孩子还小没意识，就可以对他们施加暴力，现在的研究认为，在他们甚至不能正确开口表达之前，大概是六到十二个月大的时候，就已经能够明白很多事情了。从这个层面上讲，高学历家庭、提倡男女平等的社会往往会更在意对孩子安全感的培养。

儿童心理安全感最大的来源，在于有没有人可以有原则而无条件地去爱他们。现代教育的观点，也是父母尽可能地给孩子营造童年环境的安全感。夫妻俩的事情内部解决，不要影响到孩子，其实都是在给孩子一种确定性。这种安全感和确定性不是告诉孩子，无论他们做了什么事父母都能给你兜底，而是告诉他，无论造成了什么样的结果，都应该勇敢地去接受与承担。孩子犯了错、犯了法，父母应该鼓励孩子坦然地接受，或者有勇气为自己的错误赎罪，而不是一味地让他们免于责罚和制裁。这也是安全感的一种表现，或者说是一种达观的人生态度。

同时，父母也要鼓励孩子去追求这个世界上所有美好的事物，去探索一个未知的世界，这是在给孩子一种可能性。当孩子对世界产生了强烈的探索欲，他们的人生也会得到各种向善的可能。在这个过程中，家长要自己先有好奇心，孩子才会跟着对世界好奇。很多家长自己封闭了自己，孩子受到他们的影响，自然也就打不开思维。我见过很多小孩对什么事情都不好奇也不相信，后来才发现原来他们的家长也这样。所以家长一定要坚持自己对万事万物的好奇，孩子自然也会对这个世界有非同寻常的探索欲，对知识有强烈的求知欲。家长如果想让孩子喜欢生物，自己经常拿昆虫标本研究就行了，孩子一定会过来看你在做什么。家长如果天天打牌打麻将，那就不应该怪孩子沉迷游戏，因为痴迷打牌、打麻将和打游戏在本质上是一样的。

所有的家长都应该记住，体现在孩子身上的一切因果，都是家长自己种下的。家长想让孩子成为什么样的人，家长就应该做什么样的人。但影响一个人成长的因素有很多，我们也应该接受孩子可能会长成跟自己不一样的人。

在科技上，我们每一代人都在颠覆上一代人，人类持续进步的本质就是这一代人不怎么听上一代人的话，所以我们才能走到今天。从这个意义上讲，家长给到孩子确定性和可能性两方面的教育，更大的意义在于让孩子知道人和人之间都是平等的，甚至人和万物之间也应该是共享地球的，所以他们不用去羡慕别人。只要做好自己，就一定可以遇见属于自己的灿烂未来。

儿童的安全感不仅来源于家庭，也来源于社会，因为社会为所有的家庭提供生存基础。今天的社会存在一些无奈，比如说房价就会在一定程度上影响大家生育的意愿。今天很多人不愿意生育了，绝对不只是一个教育环境的问题，也不是说“90后”就是不想生育的一代人，归根结底这是一个社会的综合性问题。直到近期，我国才开始大幅度地调整生育、房产政策，以期提高大家的生育意愿，但显然这种调整已经相对滞后了。

中华民族上古时期的神话传说中，讲到鲧治水用“堵”的方式，禹治水则用“疏”的方式，结果大家都知道，“疏”才能从根本上解决问题。其实先民已经给我们树立了一个很好的范本，今天出台的许多政策都应该是以“疏”的方式，而不能是以“堵”的方式来指导和解决问题。如果想构建一个能给人们足够安全感的社会，比较有效的解决途径就在于让我们的民族具备更多理性的思维，多一些以人为目的，而不是把人当工具的思维。这应该是构建一个和谐美好的社会非常关键的要素，也是真正的人民至上、生命至上的体现。

1.4

让孩子知道家很安全，他很有用

该给孩子一个让他们感到安全、幸福的童年，还是一个可以让他们变得更加聪明、优秀的童年？这两件事情其实并不矛盾。

我希望孩子拥有充足的安全感，但不等于说要让他们时时处于所谓的安全状态之中。这方面应该向日本学习，日本的孩子在童年时期就会做各种消防、地震、海啸来袭的演练，其实相当于在给他们“打疫苗”。在模拟的条件下去流汗，总比到真实的战场上去流血强。所以某种程度上讲，我们说的“安全”并不是要全方位地呵护孩子，恨不得什么危险的东西都不让他们接触，刀也不能拿，火也不能碰，这反而是害了他们。因为在孩子漫长的一生中，总有一天还是会拿刀、碰火，还是会遇上某些危险。其实今天很多孩子身上的问题之所以会出现，根源就在于有些家长太喜欢包办孩子的一切了，最终让孩子变得什么都不会，什么都做不成。

某种程度上讲，如果想让孩子拥有真正的安全感，恰恰是要让他们在很多条件可控的范围内，去提前感受不安全的状态。如果想让孩子体会幸福就必先要让他们体会不幸，想让孩子体会富足就必先要让他们体会贫困，想让孩子体会温饱就必先要让他们体会饥饿，想让孩子体会舒适就必先要让他们体会疲劳，想让孩子体会世间的美好就必先要让他们体会世间的疾苦，因为幸福本就是比较出来的。

做到这些，他自然就能在这个世界上，学会一种我们称之为“达观”的人生态度。所谓安全感的核心，到了成人阶段的表现，就是达观。达观就是既不乐观，也不悲观，对任何事情都可以两面性地去包容看待，遇到任何情况都觉得这并非意外，只是概率不同而已。这样才能做到既万事努力，又万事随缘。我们的孩子，甚至是成年人，最缺的难道不就是这种状态吗？

归根结底，我认为在孩子的童年时期，最应该让他们明白两点：一是家很安全，二是他们很有用。不管他们做了什么样的事情，在这世上总还有一个出口，总还有一个可以当避风港的地方，那就是家；同时他们也应该对这个世界充满善意和爱，觉得万事万物都有存在的价值，包括他自己，因为“天生我材必有用”。

我希望所有的孩子都可以走得慢一点，一路上他们都是笑着的，他们的笑也是发自内心的，始终充盈着来自生命本源的波动。即使有一天，他们发现自己被伤害了，内心也依然愿意选择相信美好。

所谓“岂能尽如人意，但求无愧我心”。

1.5

在教育孩子的问题上，一切都要反求诸己

我最想要给家长们传达的一个教育观念是：

在教育孩子的问题上，一切都要反求诸己。

有些家长或多或少会把生活当中的种种不如意，归结到孩子的身上。现实生活中，他可能是个员工，老板对他有诸多的不满。他想要发泄情绪，这时他因为觉得孩子跟自己有血缘关系，或者说孩子在此刻还没有足够的能力去反抗，就会选择一些比较极端的方式，把自己的压力释放在孩子身上。遭受如此对待的孩子，童年通常都过得比较痛苦。很多长大以后有心理负担的孩子，其实都是因为童年时期在

原生家庭里得不到充分的安全感。而对于这个问题，很多家长并没有想得很明白。这就是家庭教育不当造成的最大危害！

家长应该要学会反求诸己。家长的出口如果是孩子，那孩子的出口是什么？我们时不时就能看到各种孩子离家出走、自我放弃的新闻，孩子做错了什么？家长又做错了什么？这些说起来都是很沉重的话题，但作为家长如果永远学不会从自身出发去思考问题，那这些极端情况的发生就永远无解了。

我们都应该记住，你想得到什么，都得自己先行动。每一个人最容易做的事情都是要求别人，但他们忽略了最可能实现的路径其实是改变自己。我们不可能自己都不改变，却永远想着去要求别人改变。这实际上就是很多家庭教育最大的问题。

家长在玩手机，家长在打游戏，家长从来不看书，却逼着孩子每天都要看书，要求孩子把所有的时间都花在学习上。而大部分家长对孩子的付出，其实无外乎像保姆一样，止步于安排好孩子的一日三餐，当司机接送孩子上下学，把孩子每天的活儿都排得满满当当，其他的就基本什么都不干了。他们会在这种忙碌假象的欺骗下，觉得自己已经为孩子的成长付出了很多，可实际上他们并没有很用心，或者说是心并没有用到正确的地方。

他们更多的是把教育不当的问题转化成自身经济压力的问题，把付出不够的问题转化成精力分配不允许的问题，他们忽略了问题的核心关键，也忽略了教育过程中的丰度问题。

举一个自己的例子，我天天看书，在家基本上是书不离手的。我告诉孩子，看书就是人们生活中最常规的一个习惯。慢慢地，她就会在家里拿自己感兴趣的书去看。久而久之，她自然也就爱上了看书。

如果你也想让你的孩子看书，你只需要像我一样，做到自己看书就行了。如果你天天拿着手机和iPad，孩子自然也会学习你的行为，只不过是他们没有手机而已，但你一定能观察到他们会想要过来看你的手机、玩你的iPad。这时候，谁让你拿的是手机呢？如果你拿的是书，孩子过来跟着看的不就是书了吗？

道理其实就是这么简单，问题是大家都做不到，反而是每天都在找各种让自己不焦虑的方法，还忍不住去羡慕别人家的孩子。其实每个家庭都有自己的问题，哪有说别人家的孩了就一定都对、都优秀的呢？

说到底，绝大部分人在这个世界上能影响的人并不多，我也只能影响我能影响的一小部分人。“弱水三千，只取一瓢饮”，不认可我的人就让他随意，再努力也讨好不了他。但对于孩子，既然你已经把他生出来了，就必须好好去对待。

我经常带着一大群孩子，到田地里去了解各种农作物，给他们讲萝卜、讲生菜，讲农艺、讲育种……无论内容有多专业，我比较自豪的能力是能用有趣的语言将生硬的知识讲到孩子们都能听懂，让他们跟着我去实践和体验。你给他们讲一千遍、一万遍要好好学习科学课，都不如自己带他们到田间地头去做一遍。这事很难吗？其实不难。但是你都不做，都不肯付出，却想要收获孩子的回报，这几乎是不可能的。

“只要改变了自己，就改变了全世界。”我很赞同这种说法。如果你认为要求别人，别人就会改变，那从这个意义上讲，世界上每个开公司的人都一定会成功，但我们都知道现实并非如此。所以说，当家长最核心的地方在于，你想让孩子具备的特质，必须自己先做到。去看看那些真正优秀的人，在他们身上能找到的特质，一定多少也能在他们父母身上找到。这就是文脉的传承，这就是为什么我们常讲三代人才能培养出一代人。

《论语·泰伯》里说："民可使，由之；不可使，知之。"断句其实应该是这样断的，解释为：人民如果可以掌握的话，就让他们自由发挥；不可以掌握的话，就要教导他们明白。这句话放在亲子之间也同样适用。家长不能将自己的意愿强加在孩子身上，如果想让孩子学会某样东西，拥有某种特质，就必须亲自教会他们。而教会的前提，在于自己得先学会，得先这么做起来。如果你什么都不做，却让孩子去做，这公平吗？孩子是你的镜子，是你的映射，只有当你和孩子付出的方向趋同的时候，孩子才会感觉到公平，他们才会去体谅你，你想要的东西才有可能在他们身上得到实现。

孩子的所有行为习惯和认知，都是从家庭的印记和印随里来的。所谓的印记，指的是父母先天带给孩子的基因，而印随则是父母后天展现给孩子的行为习惯。这个遗传和变异的过程，就是生命传承的本质。因此你注定要好好地去回答那些孩子生就带来的问题，注定要好好地带他们去认识世界，并教会他们终身学习的能力。人类的存在不仅仅只是为了血脉的延续，文明的传承一定要有文脉的灌输，而文脉的灌输天然就要求父母先表现出文脉所有的样子。

某种程度上讲，我们本就不该诉诸外求，一切都要自己去做。你能做到，那就万事都可改变；你做不到，那改变什么都没有意义。我今天所拥有的这些本事，其实大都是爹妈带给我的。我爸带我讲相声，我嘴皮子就溜；我妈带我背古诗文，我记忆力就好；我爸教我写稿，我文笔就强；我妈天天带我上山抓蚂蚱，我就喜欢上了生命，研究起了生命科学。所谓“童子功”，这些都是爸妈带出来的，不是我生来就会的。这些东西如果你永远不带你的孩子去体验，他们就永远没有机会去学会。等到他们过了那个年纪，已经开始害羞了，或者你也带不动了，那培养他们的最好时机就错过了。

在这本书中，我只想跟家长讲那些他们能做得到的事情。我最想向家长强调的，就是在教育孩子的问题上，一切都要反求诸己。

第二章

好奇成就兴趣 事事皆可学习

南山栋梁益稀少，
爱材养育谁复议。

唐·柳宗元
《行路难·其二》

2.1

童年培养一生的兴趣

我在辽宁丹东长大，丹东是中国最大的边境城市，倚靠在鸭绿江边上。“雄赳赳，气昂昂，跨过鸭绿江”，这首歌里的江就从我们家乡门口流过。从鸭绿江再往南大概百十公里，就到了黄海，那是中日甲午海战的发生地。再往下就到了大连、旅顺，这些城市都位于距丹东几百公里的范围内。

从生态上来讲，丹东有江，有入海口，还有海。再加上东北地区丘陵分布广，辽东半岛上的山也很多，包括唐朝薛仁贵东征时到过的凤凰山，都算是非常漂亮的山，有着海拔八百多米的险峻地势。所以打从小时候起，我的周围就有许多不同的自然生境。我的母亲是满族人，满族人是女真的后裔，很喜欢爬山，在我很小的时候，她就会带着我一起去爬各种各样的山，上上下下，起起落落。

作为家中的独子，父母为了迎接我的到来也费了特别大的劲儿。有我的时候，父亲已经三十九岁，母亲已经三十五岁了。在那个年代来看，这基本上算是中老年得子，所以他们也花了很多的心血教育我。在我还很小，大概刚刚能走路的时候，就经常会被爸妈带着去爬山，虽然也爬不了很高。等再长大一些，他们就会带着我去挖野菜、采蘑菇、摘野果、抓蚯蚓，观察各种各样的昆虫。我们还会做一种叫“鱼唬子”的兜网，下江去捞一些胖头鱼，抓一些虾，或者到海边去赶海。这些都带给我一种亲身接触大自然的体验，听起来仿佛法布尔在《昆虫记》里描写的那种感觉。

人的兴趣大部分是在幼年和童年时，从他们的原生家庭产生的。因为父母是这样带我的，所以我从小就对生命有特别大的兴趣。看到活着的东西，我就高兴；看到宠物猫狗，我就喜欢；甚至看到鳄鱼老虎，我也不会很害怕。我和这些物种一见面就有一种宿命般的认同感——在此刻，在此地，你活着，我也活着，空气、阳光和水分全都恰如其分地存在着。

再去看古往今来的那些大师，或者去看那些能在自己的行业里做出成就的人，他们的兴趣绝大部分也都是在孩提时期由原生家庭塑造的。我希望那些和我一样为人父母的朋友，都应该努力给孩子营造一个适合他们去探索世界的环境。你想让孩子将来成就哪一方面的能力，就尽量把孩子带到那个环境中去，剩下的就交给时间，静待花开就好。

爸爸的文笔比较好，生我的时候他在电台当记者，称得上是个“大笔杆子”。妈妈则是银行的会计，记忆力特别好。因为他们擅长的领域不同，所以从小教我的东西也是完全不一样的。爸爸更多的是教我口才，比如演讲或者相声。妈妈可能更多的是帮助我训练记忆力和实践能力，吹、拉、弹、唱和运动都是跟我妈学的。我们家就是这么一个小城市里比较普通的家庭，爸妈会的技能也算不上专业，但他们能把自己会的东西都教给我，就已经给我创造了很多很多的实践机会。

到现在，很多人都会问我一个问题：你嘴皮子怎么这么溜？你怎么可以记得那么多的故事和知识？其实只要想一想，如果你从三岁在幼儿园起，就开始每天给小朋友们讲故事，五岁又开始讲相声，一讲讲四十年，自然也不会差到哪里去。

2.2

兴趣指引人生的方向

上学的时候，我的成绩还算挺好的，高中上的是丹东市第二中学，那是一所省重点中学，也是丹东最好的高中之一。但我没有参加高考，因为当时我会考的成绩全部都是A，加上其他各科的成绩也比较优秀，最终就被保送上了大学。

其实不仅仅是高考那几科好，其他的副科我也挺好的，甚至比主科还要好，生物、地理、历史经常都能考满分，政治也能达到将近满分的状态。我们年级总共有十个班，八个理科班，两个文科班。我是理科班的，但政治常常能考得比文科班的还高，因此政治最高分往往就都落在了理科班。

现在看来，文理分科确实是一件需要商榷的事情，所以我们又重新开始讨论要不要设置交叉学科。归根结底，我还是认为人应该跟着自己的兴趣走，最重要的还是你对知识本身的渴望和热爱。

我当年保送的学校里其实还有北大，但北大专业有限，能报的几个专业我都不是很喜欢。因为我是家族里第一个大学本科生，没有太多人能给我经验参考，我就按照自己的兴趣选择了大连理工大学。在20世纪90年代，大连理工大学一度在全国排名第六，又离丹东很近，可选的专业有六十多个，其中就包括我心仪的生物工程专业，综合这些原因，我最终选择了它。

我是1998年上的大学，当时美国互联网的第一波浪潮快过去了，然而我国这边才刚兴起，最流行的就是学计算机。我选择学生物工程这个专业，让很多人都大跌眼镜，因为二十多年前中国的生物学类专业，几乎可以说是处于一毕业就失业的状态。问家人、老师和同学，他们每个人的想法都不一样。但我发现，最关键的点其实不在他人身上，而在于自己心里最想做的究竟是什么？人大概永远只能做自己愿意做的事情吧。如果所有选择都是你发自内心做出的，那大概率不会差。

虽说生物工程这个专业很多人都不知道，但知道的人却几乎都挤破了头，因为当时已经有人预言：“21世纪是生命科学的世纪。”这是一句真话，只不过在那个年代，真要实践起来还是比较困难的。所以直到大学毕业，大家发现几乎找不到对口的工作时，才看到了问题的所在。

特别是在东三省，你压根儿找不到任何一个跟现代生物技术密切相关的本土企业，要不就是外企，要不就是非常传统的药厂、酿造厂、酒厂等。这就是为什么我后来会选择到北京去，因为我需要一个专业对口的工作单位来历练自己。

到大四毕业的时候，作为毕业生工作组组长的我，就和辅导员聊过这个问题。我问辅导员，大家都说21世纪是生命科学的世纪，但我们班现在的就业状况，好像就没几个人能找到正儿八经的对口工作。

考研的暂且不说，其他那些在本专业就业的，也总会有种干的不是本行的感觉。辅导员当时就笑笑说：21世纪有多少年？一百年。今年是21世纪的第几年？第二年。才第二年，你着什么急呢？有本事的话，你让这个时代快点到来啊。

他的回答在我听来，一方面感觉很打脸，但另一方面又感觉很热血——时代把任务交给了我们这代人，我们就有责任让这个时代尽早到来。时代主流学科之间的转换，其实是一个很漫长的过程，生命科学这门学科实际上比互联网还要复杂，所以直至今时今日才渐渐显现出它后起之势来。

人生也同样是一场长跑，谁说到了大学就到了终点呢？如果你站在三十岁、四十岁、五十岁、六十岁，回看二十岁的时候，在每十年的那个节点上，你的感悟都是不一样的。

只有坚持长期主义，坚持从内心的直觉出发，你才可以不断地通过把握现在而去创造未来，而不是为了那一刻的光宗耀祖，不是为了那一刻的工资更高，更不是为了那一刻的声名显赫。

我个人认为，在教育新一代的时候，作为父母还是应该把目光放长远些，不要贪图短期内的急功近利，因为人人都看好的机会就不是机会了。

2.3

大学教育的本质是讨论

华大基因[1]是在1999年成立的，那时候我刚上大二，他们就已经参与了“国际人类基因组计划”。这是轰动全球的事件，只要你是在那个领域里的，只要你还看新闻、读报纸，一定会知道这件事。换言之，“基因”在那个年代，是一个比较“高大上”的名词。就像今天大家都已经用上5G了，但你在二十年前能想象到使用5G是什么场景吗？在这种刚刚起步的情况下，我们大学期间很多生物学的知识其实都是在快

1　华大基因：我国一家专门从事生命科学研究的前沿科技机构。

速更新的，恰好遇到了“组学”学科范式的转化。

具体来讲，原先一个人也许就研究一两个基因，而“国际人类基因组计划”却可以一次性把两万两千个基因都展示出来。此时你已经不可能按照还原论的方式，一个基因就对一个酶，把所有的因果关系弄得特别清晰。你必须承认混沌，必须承认相关关系，必须站在大数据的角度从系统论上去思考问题，才有可能真正理解问题并解决问题。

学科范式的变化，有点像数码相机对胶片相机的颠覆，不是简单的像素的颠覆，而是一种随时随地可拍可看的全方位碾压。对我们学生来说，这种短时间内的学科巨变，对人心理的冲击是巨大的。但这也使得我们和老师之间对一个新领域、新学科的认知程度的差别，没有像数理化等传统学科的那么大。数理化那都是四五百年前就已经循序渐进建立起来的东西，早在牛顿于1687年出版力学经典著作《自然哲学的数学原理》之后，数理化那几座大山就都堆在那儿，岿然不动了。但生命科学或者说基因科学，可能是在1999年前后大家才真正开始稍微弄明白了一点全貌。

比如说，原来人类就只有约两万两千个基因，而在之前我们一直预估人类有十万个基因。有位诺贝尔奖得主在那个时代说，人类不可能在三百年内搞清楚人类的所有基因，但十年后就被打脸了。所以你要相信，科学没有权威，很多权威讲出来的话，过几年就都被推翻了，因此我们也很害怕自己成了权威，还是始终在考虑着证伪，始终坚持着开放的思想。

基于这样的环境，老师和同学之间的关系特别融洽，甚至连课件都是师生一起做的。我会的计算机技能比较多，不仅会做PPT，还能利用当时各种复杂的软件做平面设计、3D建模甚至是动画，通过多媒体来呈现内容。所以在当时，我们把生物化学、分子生物学中非常复杂的课堂内容，用视频化的方式给呈现出来，其中一些视频到现在都还在课堂上被使用。如果不是在那个特殊的时期，我相信这种教学相长的关系是很难实现的。

我们是大连理工大学生物工程专业第一届的本科生，前面并无可供借鉴的既有教程，老师也都是原来各个系调过来的，所以这种师生的友谊反而变得很好，大家讨论起问题来也更加愉快。今天我们见到老师，还能一起聊聊当年的事情，对于这种情况我也是觉得蛮有趣的。

我们之间的这种师生关系，其实更接近于古希腊城邦制University（大学的雏形，即“聚集在一起讨论”）的概念，大家聚在一起去讨论问题，不是像培养技工似的简单地传授，而是每个人都变成了一个讨论者。这反而是回归了近代大学起源的本质，允许大家在一个讨论的氛围中去思考和学习。正如亚里士多德所说：“吾爱吾师，吾更爱真理。”谁说得对谁就是老师，在这样一个过程中去思考问题，更容易达成一致。

现在回想起来，我依然会觉得那是一段很难得的经历。虽然有的时候，老师没弄懂，我们也没弄懂，但还是要一起去讨论某个东西到底是不是这个样子。其中就涉及要大量查阅资料的过程，不是一件凭感性就可以完成的简单的事情。

在科学研究中，激情固然重要，但更重要的还是理性，而极致的理性其实也是极致的感性。你要抑制自己的情感和直觉，去思考它背后究竟是不是这个样子，并且尝试证伪。

2.4

没有什么东西是不该学的

被生物工程专业录取，正式进入大学后，我才发现这幢大厦其实还没有地基，或者应该说是地基建错了，所以有段时间我也曾困惑过。

一开始，我们在大学几乎没有学过专业课，而是学了两年的基础课，跟常规化学专业几乎一样。直到工作后，我才渐渐发现这也是一个难得的经历。我们花了差不多两年的时间，把化学的专业课全部学完了，等于又多学了一个专业。大连理工的工科很强，所以除了化学以外，我们还学过化工，学过机械，学过自动化，学过高等数学，学过电工，学过电子，等于说差不多把数、理、化、工，在一个专业课不怎么强的专业中给糅了进去。这对我后来工程化思维的建立产生了巨大影响。

毕业之后，我到了华大集团，大概花了半年的时间，就当上了生产部经理，因为这个岗位要用到的恰巧都是工科思维。回头看，第一届的本科专业课和师资肯定强不了，但却因此多学了大量其他专业的基础课，如果你能跟得上，这可就太划算了，因为你会在这期间多学到很多很有用的知识。凭借这些知识，你去跟理科的人聊，跟工科的人聊，都不会有太大的障碍。

说这么多，其实是想告诉大家：人没有什么东西是不该学的。

作为父母，也应该在孩子小的时候，就将这种“万事万物皆可学习”的思维教给他。反过来讲，特别急功近利地让孩子去学某一门学科，反而会让他们到最后真正要用到这门学科的时候，才发现其他领域所学的知识还不够，匹配不上，不能很好地在实际中应用起来。我正儿八经地画过0号图纸，正儿八经地做过金工实习，也去化工厂看过实际生产过程，都是很难得的经历。这可能比起一开始就去接触试管、烧杯之类的瓶瓶罐罐，学我们传统意义上小实验室的内容，反而能让我更容易地建立起工程化的思维框架。

现在回想起我的成长过程，其实存在着诸多偶然的因素。不只是我，每个孩子也都一样，生命本就充满了偶然。但如果作为父母的你，能把一种“万事万物都可学习”的思维教给孩子，他们很大程度上就能像我一样，尽可能地把这些偶然都把握好，让他们人生大盘上此刻看起来杂乱无章的闲棋散子，在未来的某一天变得星罗棋布、秩序井然。

那时我们班有二十八个同学，毕业后大家有出国的、有考研的、有留校的、有出去工作的，还真就像老狼唱的《同桌的你》那样，毕业之后就各奔东西了。后来再聚会时聊起来，可能大家各有各的路，各有各的人生，在我看来不能说都精彩，但至少都还蛮和谐的。因为在当时那样的就业环境下，我们不可能有一个统一的标准，说所有人都该怎么去选。你会发现招聘会一批批地过来，但可能都不是你这个专业的，你必然会有点失落。

反过来讲，这也是一种幸运。如果当年东三省确实就有一家相关企业还不错，可能我们就都去了。但如果这家企业放到全国甚至是全世界来看，并没有太强的实力，那会更加误事。所以并不是说我一开始就奔着华大去的，只是当时在东三省确实找不到一家能在工作中去延展自己专业的单位，才会到北京去参加招聘会，才会遇到华大。

对于专业就业遇冷，我谈不上灰暗或失望，因为我这个人也很少感受到灰暗或失望。在大学时，如果钱不够用了，比如说想参加一个国际IT的培训班，我就会选择去做家教。我家教的课酬非常高，在当时大连所有的学生家教排名中，大概不是排第二就是排第三的水平，一个月讲几节课，这个月的生活费就够了。至于奖学金，我每年都能拿。

再不行，我还去电脑城打工、帮人家“攒机”，也就是自己动手组装电脑。那个年代是“攒机”最火的时候，我可以背下几十个厂家、上百个型号的主板、CPU、内存、硬盘、显卡、显示器之间的关联关系和价格，无论预算高低总能给出合理的配置，所以在圈子里的口碑也很好。

人的一生中，可能好多事情都是机缘巧合的。我大学有两年是在大连市中心上的，学校背后刚好就是个电脑城。到了大三、大四，我开始有了自己的时间，就会每周花几个半天，到电脑城去帮大家解决具体的问题。硬件我会组装，软件也能给人讲解，甚至可以给孩子们定期开开电脑的培训课。我会把这些时间都利用起来，去学习或练习自己感兴趣的东西，这都是很宝贵的财富。我一直很喜欢折腾，因为我有精力，也始终相信自己学到的东西终有一天都能派上用场。

人也不用太在意外界是怎么看你的，有多少人喜欢你，一定会有多少人不喜欢你。所以人最重要的不是凝视“暗”，而是寻找“光”。

为什么会有暗呢？那是因为你相信光明，才有了失望的“暗”。没有一个人不曾经历过灰暗的时刻，但只要你学会转一个角度，就能发现不一样的世界。

暗是压不住光的，当你觉得灰暗的时候，不妨试试转过身，你会发现自己的背后一定是光。

2.5

一切都是最好的安排

临近毕业的时候，为了找到对口的工作单位，我一个人坐火车去了北京。因为还没有毕业，坐火车可以享受学生半价优惠，我就想先去北京看看，如果连北京都没有合适的工作单位，那很可能当时在中国就都不太可能有对口生物工程专业的单位。那年是2002年，二三月份是招聘会的高峰期。其实今天很多人都想不通，不能先在网上看看，等确定信息了再去吗？他们可能想不到，现在如此便捷的一些招聘网站，在当年根本不存在，基本还是要自己到当地去看，最重要的是要拿到各个单位招聘的详细清单。

我当时有两种选择，一种是对口的生物工程相关工作，一种是IT厂家。虽然我是学生物工程专业的，但我做过很多的多媒体课件，那些课件的制作水平到今天来看都不过时，拿着它们去到各个招聘会上，跟当时很多做IT的厂家聊，他们对我也都很感兴趣，觉得我的综合能力比较强。我简历里有一沓很厚的证书，大大小小的，杂七杂八的，IT相关的证书也有，甚至还有厨师证。因为高中保送的时候，我妈说将来找对象的话，自己得要会做菜，所以就去考了一个厨师证。所以在当时的招聘会上，做IT的厂家也向我抛来了很多的橄榄枝。

当年很流行一种书籍杂志的销售形式，就是买一本书送一张光盘，很多人想找我去做这种光盘的编辑，还有些人觉得我可以去做多媒体策划，月工资大概都是在四五千块钱。我们当年毕业，如果能进入华为，印象中月工资大概是六七千块钱，联想则是五千块钱左右，这就是当时IT行业大致的工资水平。至于生命科学行业的月工资，正常是两千块钱，高的可能到两千五百块钱，低的可能只有一千八百块钱。

挨个去看和我专业相关的工作，看了许许多多的药厂和制剂厂，突然有一天，像是命定一般，我在三元桥的国展里看到了一个大概有两米长的展台，后边挂有一张巨大的横幅，赫然写着参加了“国际人类基因组计划”的华大基因的名字。我当时就傻眼了，问：“这就是华大基因吗？”对方说：“是啊。”你肯定很难想象这个反差有多大。因为在2000年前后，华大基因在我们的领域里就已经红极一时了。我们从没想过中国人可以这么厉害，在一群发达国家——美、英、日、法、德之间，华大能够代表中国去参加人类基因组计划，这是一件很了不起的事情。所以当时的我很难想象，这么大、这么厉害的一家公司，它的招聘位置上竟然只有一张两米长的桌子，反差特别大。

接下去大家就开始互相聊，后来发现不是我挑人家，而是人家挑我。对方问，你一个理工科的生物工程学生，懂基因吗？虽然他问得很隐晦，但实际上就是这个意思。我就回答说，你看我这简历也还不错，或许基因这个事儿我没有北大、北师大的那些学生专业，他们可能对生物、细胞、分子比我了解得更加清楚，但是我还会很多其他的技能，您能不能先把我的简历拿过去看一看，说不定我在其他的岗位上，也能有一些比较好的发挥呢？就这样，我的简历被对方带了回去，大概两天后，我接到一个电话，说可以去面试了。我就问，你是哪一家的？她说，华大基因。我说，好。

其实当时我还挺高兴的，一共就问了对方两个问题，第一个是这个单位在哪儿。对方跟我说了一大堆，我拿北京地图对着看，说没有找到。她说，城区图里没有，你把地图反过来，改到北京郊县图，看见了吗？我说，哦，看见了。心里想，这是个啥地方啊？这么偏？第二个问题，我问月薪大概多少钱。她说，公司都是统一标准的。我问，预计呢？她说，预计两千块钱左右吧。我心里想了一下，也就差不多的水平。对方又问，下午能来吗？面试我的这个人是级别比较高的总工，叫文洁（后来就是她带着我一起去抗击“非典”的），她第二天要出差，就今天晚上可能还有点空。我看了看表，大概下午三点多。我说行，我努力赶吧。

于是我先坐915路公交车，到了铁匠营这一站，然后打了个“摩的”立刻出发，到华大的时候已经五点多，天已经黑了。进去一瞧，整个公司灯火通明的，一群人还在积极地干着活。

我走到楼上，去找面试的地方。那是一个GMP（药品生产质量管理规范）厂房，里边有四根柱子，柱子上面写的话我当时看了一遍，后来记了一辈子：一切行为有标准，一切行为有记录，一切行为有监控，一切行为可追溯。

那时可不像今天，到处都有摄像头，我看完以后以为真有监控，就开始四处看摄像头在哪里？后来才知道，这是GMP对所有药物可溯源的一种基本管理理念。但我当时很傻，就觉得这是个涉密的机构，于是小心翼翼地窜了过去，刚好就撞见了来面试我的文洁。文洁问了我好多问题，回答完那些问题后，我就开启了在华大工作的历程。

面试过程中，她翻到我简历里写到1999年的大连时装节上，有一个节目是张惠妹的《听海》，而我是这个节目的总策划。她就问我，《听海》这首歌你会唱吗？我说会。她接着说，能唱两句吗？这是整个面试过程中我印象最深的一道题目。当时觉得很奇怪，只能猜测她可能是对我的这段经历感兴趣，也可能只是觉得我在忽悠她。我是学校的学生会主席，那年确实是我领着大连各个高校的学生，去给张惠妹的《听海》配舞的。大连的时装节也挺有名，那年有人从新加坡学来一种灯展，可以在歌曲演唱的过程中，根据歌曲的韵律搭配不同的颜色变换。我在想，一个生物工程的企业，为什么会有闲情来问你一个关于文艺演出活动的问题呢？后来我渐渐领悟到，她之所以问这个问题，大概是想找一个管理干部吧。

我们今天的家长总是鼓励孩子要更多地去参加社会活动，其实就是想要培养孩子的这种组织和协调能力。这种能力在长大后往往是很难培养的，它必须是过去多年打下的基础，才能做到所谓的“做应用题不丢条件”。“做应用题不丢条件”的人，他的思维是缜密的，你给他布置一个事情，基本不用再操心了；但如果是一个丢三落四的人，那就不能给他把控全局的工作，只能让他先从一个小块儿、一个局部去做。一个好的团队，需要的正是用前者那样的人，把后者这样的人给组织起来。我估计在那一刻，文洁对我更大的考察，是希望把我培养成一个管理干部。

毕竟当时的我只是一个本科生，没有人能在那一刻想到我会有今天这样一个位置。但是在那一刻，文洁能看到的是我会的东西非常多，技能非常全，学科的成绩也都很好，而且社会活动也做得特别多。

而这些在我身上积累多年的闪光点，恰好都被领进门的师父给发现了。

2.6

在年轻时找到自己的人生使命

“非典”期间，我任职华大生产部经理，就在一线工作。其实早在2002年底，新闻就已经报道发现了非典型肺炎。为什么叫“非典型肺炎”呢？是因为没找到病症源头。当年春节期间，媒体一直都在关注广州的非典型肺炎，很多人听这个名字都会以为情况要比典型肺炎乐观，这是当时的认知。但到了2003年4月初，华大内部其实就知道非典型肺炎没那么简单了。

华大创始人，也就是董事长汪建，我们叫他汪老师，4月15日紧急给我们开了个会，说这个事情要

“狠狠”地做一把。我说什么叫“狠狠”？他说，时间紧，任务重，大家要做好封闭管理的准备。可见当时我们自己就已经提前预判到，“非典”疫情肯定会发展得比较严重。

那天，他给了我们几份样本，说是疑似“非典”患者的，其实就是确诊“非典”患者的。对我们来说，要对它们进行检测，就要对它们进行灭活，让它的生物活性失效从而丧失传染性。在那个时候，我们需要知道两件事情。

第一件，它的病原体是什么？如果是病毒，那它的序列是什么？如今你听着奥密克戎，听着德尔塔，仿佛对于新冠肺炎病毒每一步的发展，我们事先就已经拿着一架摄像机一直盯着在拍了，但其实这么及时的应对在那个年代根本是不可能的事情。所以当时首先如能确定它是病毒，就已经算是很厉害了。

第二件，这是个什么病毒？这就更难一点，需要有一批人对这个病毒进行处理。那时候哪有什么生物安全柜，哪有今天防护力度这么强的N95口罩，大家只能戴普通的棉布口罩，然后再满屋子喷过氧乙酸，大概就是用这么一个简陋的方式来控制疫病的传播。

华大当下兵分两路，一路跟着军事医学科学院一起破译这个病毒到底是什么，很快我们就知道了这是冠状病毒。还有一路，就是当初招我进公司的文洁，带着我和牟峰（现在华大智造的CEO），在几乎没有安全防护条件的情况下，对病毒进行灭活。后来怎么办呢？我们决定跑到楼顶上去，利用大气无限地进行稀释。北京的春天，风很大，我们就站在上风口，借助风力做样本的灭活操作，就这样把样本逐渐测了出来。测出来也不只是为了简单地证明它被感染了，而是为了做诊断试剂。我们必须得做出一个能对所有疑似患者进行诊断的试剂。从4月15日拿到这个样本开始，到16日就把样本的序列测出来了，总共只花了24个小时。到18日那天，试剂盒也基本上弄清楚了。

19日早晨，我们把所有试剂盒的数据上报完成，20日，时任国家领导人的胡总书记来到了华大。他送给了我们几句话：想人民之所想，急中央之所急，办抗病之所需。

当时胡总书记问了汪老师一个问题，说你们速度怎么这么快，24小时就能把这个病毒给解密出来了。汪老师说，我们在2002年跟袁隆平先生一起做水稻基因组计划的时候，面对的是四亿个碱基，这个冠状病毒才三万个碱基，差了一万多倍，这事儿没那么难。

胡总书记又问了，那你们怎么现在才做呢？汪老师说，我们拿不到样本，我们不是疾控中心，也不是医院，是没有渠道能快速拿到这个样本的。所以在那一刻，胡总书记和我们都明白了，所谓英雄不问出身，关键时刻就应该把有能力的团队都迅速组织起来。

与此同时，我们还把所有的指标数据，整理成了相对应的注册材料，申报到药监局。到4月底的时候，我们已经做出了三十万人份的试剂盒，那时候药监局也已经批了证。拿到证的那一天，我们的厂房门口停满了大大小小的车，都想着买这个试剂来赚钱。当时一人份最高的价格可以卖到一千块钱，一盒试剂九十六人份，大概就是九万六千块钱，简单算就是十万块钱一盒。你想一想，那个时候如果把这三十万人份的试剂盒都卖掉，就是三个亿的收入。我们公司的销售部觉得，这样一来，我们今年的业绩不就直接完成了吗？但汪老师再次开会时听到报价，直接就拍了桌子，说这是发国难财，我们一个子儿都不能赚，全部捐了！

很多人可能不理解，当时的华大其实还很弱小，一年的收入也就大概两三千万的水平。但汪老师再次强调，在大是大非面前，这是我们应该做的。所以5月1日，华大就把三十万人份的试剂盒，全部捐给了当时全国防治非典型肺炎的指挥部。当时因为我在整个试剂盒注册过程中表现比较突出，所以专门让我抱着捐赠箱，拍了一张让我这一生都刻骨铭心的照片。

如果说我小时候喜欢生物，主要是来自父母的影响，那到了一个机构以后，在专业上的探索更多就是受领导的影响了。其实我们当时也还是有逃兵的，有些人一听说华大要对抗“非典”，自己就先跑了。毕竟它的死亡率还是挺高的，接近10%。但绝大部分人还是坚定地留了下来，而且是迎难而上的。好在一场硬仗过去，我们的人员基本没有损伤。但后来在社会层面上还是统计到了不少的死亡病例。相比之下，今天的新冠肺炎，发展到奥密克戎这个阶段，致死率其实也就在千分之几或更低的水平，和“非典”相比差距还是挺大的。

说到在“非典”暴发的过程中，在面对未知危险的那个时刻，为什么华大的主力人员都能冲上去，我觉得首先是因为汪老师自己能先冲上去。“关键时刻不能发国难财”，这句话我印象太深刻了。当有一天，你发现你做的这个行业，原来还可以为国家做点贡献，这是多么令人自豪啊！

记得有一天，我也接到一个电话，是在辽宁丹东的亲戚打来的，说让我别干了，要弄个车把我接回去。我笑了笑说，如果这是一场战争，我们的对手就是病毒，而我就是那个战士。国家培养了我这么多年，恰好有这么一个时刻让我有机会挺身而出，我是不能退缩的。我始终觉得，人一定要在年轻的时候找到自己的人生使命，有一些底层的东西始终在点燃着我，才能让自己这一辈子都闪耀起来。“非典”对于全社会而言，是一场劫难。但对我而言，刚毕业十个月就遇上了这样一场劫难，或许是一次洗礼，迫使我迅速成长，更加深了我对个人专业使命的理解。

我现在常讲两句话，第一句：“我们并不是生在了在和平年代，只是生在了一个和平的国家。”看看今天的疫情，看看当今世界的局势，你就能知道这种和平是来之不易的，它源于构成这个社会的每一个要素的积极工作和奉献，不能把它看作是理所应当。第二句：“人人皆可为尧舜。”我的意思是，“非典”期间我们可能有几百个伙伴一起投入到了抗击工作中，我就是其中普通的一员。这次抗击新冠肺炎疫情，华大上上下下近四千人驰援了全世界几十个国家和地区，在各地建“火眼”实验室，帮助抗击疫情。然而这个事情没有发生之前，他们其实就是一群平平常常的普通人。

我们都要知道，世界上没有从天而降的英雄，只有挺身而出的凡人。只要挺身而出，你就是英雄。我对中华民族这种韧性的体会，或者说我对中华民族在遇到大灾大难时所表现出来的凝聚力和向心力的感受，其实是从抗击“非典”那段时间才有了一个近距离的理解，在抗击新冠肺炎的时候则有了更加刻骨铭心的感悟。

2.7

为中华之复兴而读书

1997年，我十八岁，刚刚步入成年人的行列。

那年年初返校，突然有一天早晨，老师沉重地跟我们说，要给大家宣布一个噩耗——邓小平同志离我们而去了。

我们很伤心，全班都哭得稀里哗啦的，还是老师带的头。我们都知道，那年香港就要回归了，但曾经和撒切尔夫人会晤、推动香港回归的邓小平同志，却没能真正见证这一历史时刻。我印象很深，那天中午我们骑车去新华书店，买邓小平同志的遗像，想要留个纪念。

后来围绕着香港回归，学校做了许多演讲比赛，其中有一个很重要的主题就是“为中华之崛起而读书”。今天重新回忆起来，其实你会觉得中国的任何一寸土地都不应该少。当年割香港岛、割九龙、割新界，一步步沦为半殖民地的时候，每个人都会扼腕叹息。同时也不禁令人去想，当时的中国为什么会输？那么大一个清朝，国力也并不算弱，为什么人家几门大炮过来，就把过往的神话给瞬间打破了。再进一步思考，今天的科技发展到底应该对我们的国家和社会发挥什么样的作用？这些其实都是历史给我们上的活生生的课，关于我们这一代和下一代究竟应该为何而奋斗。

2002年4月份，在华大的推动和参与之下，水稻基因组以封面的形式，在美国的《科学》杂志上正式发表。《科学》杂志以14页的篇幅，刊载了中国科学家所著的《水稻（籼稻）基因组的工作框架序列图》一文。我们把袁隆平先生的一个水稻亲本的基因组解密，使得中国的水稻研究迈上了很大的一个台阶。这是全世界第一次由单一国家发表的高等植物基因组序列，足以载入史册。

实际上，如果一个国家和民族，要想让科学到学科到技术再到产业都能够兴起的话，没有一个庞大的青少年队伍作为基础是做不到的，我们今天应该要有更多的孩子爱上生命科学，才能真正振兴生命科学。如果我们今天都让孩子去玩金融，都去做虚拟经济，那谁来做科技创新？谁来做实体经济？我之所以坚持做科普，就是希望能让更多的孩子喜欢上生命科学。

生命科学既能保证粮食种子安全，又能够为人类减少甚至消除疾病，帮助人类更加健康长寿地去生活，因此每一个家庭、每一个人都需要生命科学的相关指导。这个学科本身的内容越来越庞大，跟其他学科融汇的地方也越来越多。在这个意义上讲，对于走上生命科学这条道路，我从来没有后悔过、动摇过。从最开始把简单的事情做好，到现在想激励更多的人跟我同行，从坐而论道，到起而行之，在这个过程中，我感觉到21世纪注定是生命科学的世纪。

越来越多的人才在涌向这个行业，中国完全有机会在这个领域领先于世界其他国家。如果能让更多的孩子喜欢上生命科学，那么我们就有可能获得更好的人才优势，为决胜生命世纪做好准备。

第三章

万事莫要攀比
育儿必先育己

问渠那得清如许？
为有源头活水来。

宋·朱熹
《观书有感》

3.1

在孩子到来之前做好准备

任何一个想要成为父母的人，都应该在孩子到来之前做好准备。

首先第一件事情，就是要告诉大家，孩子和婚姻可以是两件事。比如，没有婚姻也可以有孩子，有孩子也不一定必须是亲生的，领养也是一种方式。其实我们应该越来越包容这样的理念。现在的单亲妈妈越来越多，美国20世纪90年代的时候这个比例就非常高，中国一样会有这样的趋势。所以我们今天讨论更多的不是家庭问题，而是对下一代的教育问题。家庭问题很难去解决，甚至婚姻在某种程度上来讲就是一个历史的产物。人类从古至今经历过一妻多夫制、一夫多妻制、多夫多妻制、一夫一妻制……甚至未来有一天可能就没有婚姻了。现在北欧很多夫妻的结合，并没有通过婚姻的法律约束，就只是两人单纯想在一起。这就是世界的多样性，你得看完了世界，再去评价世界。

所以某种程度上讲，迎接孩子到来之前的父母，可以是缔结了婚姻的夫妻，也可以是单父，也可以是单母，而孩子可以是亲生的，也可以是领养的。在我看来，这些事情都可接受。今时今日，随着女性经济越来越独立，不再依附于男人和家庭，单亲妈妈的比例很有可能会越来越高。这样的女性她不想结婚，但想要一个自己的孩子，这时她到精子库里选一个很好的精子，用自己的卵子延续自己的血脉，在将来或许能成为一种可行的选择。

所以问题甚至不是迎接孩子前的父母应该做什么准备，而是迎接孩子前的每一个成人应该做什么准备。首先就是先想自己要不要结婚？如果不结婚，想不想有孩子？是不是一定要亲生的，还是可以领养？是不是一定要是中国的，还是可以混血的？是要一个还是要多个？其中最关键的是——养孩子的目的是什么？养孩子对我这一生的意义到底是什么？每个人在做这样一个决策前，都应该做好为之负责的种种准备。

从生理角度来讲，如果你想要一个孩子，不管是夫妻自然结合生产，还是去做一个试管婴儿，或者是用精子库里的精子来做人工授精，这个过程中婚前、孕前、产前的基因检测建议是要做的，来尽量确保胎儿不会在基因方面出错。科技水平达不到的时候，我们确实只能听天由命。但科技水平达到了，我们自然就有更多的方法去避免一些悲剧的发生。

荷兰曾经是全世界男子平均身高最高的地方，在1.86米左右，也都是我们亚洲人喜欢的脸型和五官，所以荷兰的精子库是很多女性寻找精子的首选场所。但他们的精子库也曾闹出过一个乌龙，或者说一个悲剧。一个患有自闭症的男性到那儿去捐精子没被发现，后来由他的精子而来的孩子大部分都是自闭症患者，因为一部分的自闭症是可遗传的。所以我常开玩笑地讲，男性造的孽或许都会在精子里写着，所以选精子务必要靠谱。精子库的建立一定要有很严格的质量标准，这就意味着男性不能随随便便就去捐精子。尽管精子在受孕时是一个竞争机制，几千万个精子当中，母体也好、辅助生殖也好，肯定都是选游的速度较快的精子，但是在基因上依然会有出错的可能。

上面讲的都是生理方面的准备，接下来我们讲讲心理方面的。如果说你真的已经开始打算去迎接一个新生命，其实对于大部分年轻人来说，要迈过的第一个坎，就是要去适应一个你可能自己都还没有长大，却突然要变成另一个生命的家长的过程。

我们常说“女子本弱，为母则刚”，这里面固然有一些生物性的因素，比如女性的激素在生育过程中会发生特别大的转变。举一个简单的例子，当女性分娩的时候，她自己就会分泌催产素，相当于对自己给药帮助分娩和刺激乳汁生成等。这就是女性或者说人类很聪明的一些天生的本领，可见人体的机能是非常强大的。

随着生命科学的研究深入，我们越来越明白了，生命过程很多看似“随机”的行为，其实是有很多种非随机因素在共同起作用。比如女性的卵子数量其实在她生下来那一刻就已经定下了，一个女性一生的卵母细胞是确定的数百万个，其中能成熟的大概一个月只有一个。以例假四十年来计算，一个女性一生基本也就只能供给四五百个卵子。而这些卵子我们今天已经知道不是随机给的，就像我们的免疫细胞不是随机给的一样，要经过我们人体的“免疫军工厂”胸腺的筛选。只有经过我们的胸腺选出来的细胞，才能去为我们人体“打仗”。那些不够好的，早就已经“训练死亡”在胸腺里了。绝大部分人都不知道这些，觉得生命的诞生是随机的，卵子是随机给的，精子也是随机给的。其实不然，亿万年演化的生命，可能都已经产生了相关机制，在尽可能地帮助避免一些悲剧了。

胎儿和妈妈之间本来就是一场博弈，妈妈没有任何义务要为一个不健康的胎儿付出足够多的机会成本。怀孕的过程在临床免疫领域内被称为“妊娠免疫学”，也就是说不好的胎儿就会被妈妈淘汰。所以在怀孕的前四周内有一个理论，叫“全有或全无”。比如说，你在此期间吃了一点药物，你的孩子会不会流产？实际上通过大量的临床观察，医生们发现要不就活下来健康发育，要不就直接不会继续怀孕，它不会处于“既受伤又持续发育”的状态。

某种意义上讲，胎儿对于母体而言，就是一种十个月后可以“卸货”的“良性肿瘤”。但妈妈没有必要让一个和自己基因只有一半相合的胎儿，在体内长到那么大，其中胎盘就起到了很重要的“和事佬”作用，在努力调节着免疫平衡，而胎盘的起源还恰恰来自于病毒的帮忙……这些对于专业人士而言烂熟于心的知识，恰恰也是每个家庭都应该知道的生物学真相。换言之，如果你作为母亲得到了一个孩子，即便我们在通常的语境下总会说这是你亲生的，你自己也要明白这其实是你们俩“斗争又合作”的结果。这个孩子是经过了你的免疫系统，已经在你的体内筛选过一轮才出生的。你的身体让这个孩子生出来，实际上是你们博弈谈判后的结果，也是你跟孩子父亲的基因相处到最后互相妥协的产物。

很多母亲很瘦，但胎儿依然茁壮成长，胎儿从生物性上讲可不会管妈妈的死活，因为在那一刻它要去延续自私的基因。所以不是性本善，也不是性本恶，而是性本私。父亲和母亲的印记，也会在这个胎儿身上有较多的影响和体现。你会发现很多孩子生下来可能像爸爸或者像妈妈，这其实是双方的基因在互相博弈。不博弈，可能在子宫里就被母体干掉了。所以这个过程中，胎儿常常要伪装成跟母体是一伙儿的，等胎儿离开母体的时候，他才成为一个独立的生命个体。你对自己的孩子好，大部分原因是有自己血缘关系的存在。但人类真正了不起的地方，在于你还可以对别人的孩子好，这是人性的伟大之处。

从前大家都不知道这些生物学知识，所以老认为这些都是随机的，但只要你了解到这些事情，就会明白你跟你孩子的缘分本身就很奇妙。如果能意识到这一点，又知道了经过千辛万苦才能把一个孩子生出来并且养大，那你就会觉得他们身上好多的问题其实我们都能接受。换句话说，如果你的孩子不够好，那他早在母体里就被你干掉了；如果你的身体已经接纳他了，那就证明他足够好。既然他足够好，为什么在他出生后，你的大脑又不能接纳他了呢？

实际上，很多的育儿书、家教书都已经跟大家说了很多的道理，我在这本书里只想告诉大家：每一个生命都是奇迹，每一个孩子都是馈赠，这个奇迹的馈赠实际上是父母共同主动挑选的。你们生下了他，就应该接受他，也一定能够接受他。

3.2

父母都需要进行再教育

中国的教育事业至今仍处于发展之中，今时今日的教育比起我小时候那个年代，至少从范围和学历水平看其实已经进步了许多，但仍存在不少的问题。那时候教育的悲哀，在于大家都读着差不多的书，考着差不多的分，上着差不多的学，大家都是“差不多先生”，但为什么到最后就“差多了”呢？我想原因是那时的教育并没有教给我们一种终身学习的观念和方法。

我们小学六年、中学六年、大学四年，无外乎十六年的读书生涯，毕业的时候也就是二十出头的年纪。如果这时每个人都肯再多学二十年，那他们的成就大概就能跟很多成功人士相近了。大家之所以会觉得我在某些方面比别人厉害，就在于我学了快四十年。所以不是我有多聪明，而是我做一件事情的时间足够长。

“再教育”的意思是你已经有段时间“无教育”了，所以才用“再”字。所谓的“再教育”，其实是给那些已经中断了学习的父母去讲的，他们终究要通过改变自己来实现对孩子的改变。如果父母都终身学习，那他们在一直学习的过程中就会觉得自己越来越渺小，越来越谦卑，越来越觉得什么事情都是可以接受的。

实际上不只是父母，所有人最好的生活状态，都是保持终身学习。而我们说的学习，也不等于读书。看书只是学习的一个路径，读万卷书不如行万里路，行万里路不如高人指路。每一次实习，每一次实践，每一次在自己的岗位上的精进，其实都是一个跟自己较量的过程。我们都欣赏日本人的工匠精神，为什么有的人捏个寿司就能被称为寿司之神，弄个天妇罗就被称为天妇罗之王。实际上这些人都是在践行着终身学习的理念，他在挑战自己极限的同时，也向世人传递了一种永不止息的学习精神。而很多人缺乏的，恰恰就是这种精神。如果大家做什么事情都做得差不多，那到最后真就差多了。我们不可能做出好作品，也不可能创造出传世的东西，更不会有什么高科技，也无法做出更多的工业母机。

对于每个普通人而言，终身学习不是说必须要去念一个什么班，必须要去读一个什么学位，你就在自己的岗位上日拱一卒，自己跟自己比就够了。如果每个群体都这么做事，你想想我国的就业群体，包括高素质工程师的规模，最终的结果会怎么样？我相信那时呈现的状态，是全球任何一个国家和地区都比不了的。所以我们要呼唤这种求真务实的，甚至在很多点上是要“求极”的终身学习态度。

回到那些已经断过一段时间教育的父母身上，他们在这种终身学习的观念下，要如何再重拾自己的教育？我觉得应该要从“德育”入手。我们现在讲教育，基本上都会讲“德、智、体、美、劳”五育，其中“德育”我觉得是非常重要的。德育不等于三纲五常，而是对世界怀抱爱，向他人释放爱。

比如说能不能不“路怒”？带孩子开车时能不能安心等红绿灯？有多少个城市能做到车等人先过？就连这么一个简单的小点，大家都不太能做到，只因这一刻你在车里，比起行人有更快的速度，有更安全的外壳。其实这就是我常说的“尊幼爱老”。父母比孩子拥有更高的心智、更多的阅历，所以我们在这方面其实应该是要“尊幼”，理应对孩子有更多的尊重。如果父母不按喇叭，不和行人争抢，那孩子自然就会看在眼里，知道怎么做才是对的。如果父母天天去吓唬行人，动辄去踢一只无辜的猫，孩子可能就会产生某种暴力倾向，到了幼儿园没准就会打人，如果打人被老师批评了就会进一步变得更加残暴，到初中就有可能变成校园霸凌者，这都是有可能发生的。千万别觉得没有所谓的因果，这种因果都是在潜移默化当中进行的，命运所有的馈赠早就在冥冥之中标记好了价格。

很多时候，父母总以为自己有权威、有能力去压制孩子，去对孩子施暴，但那其实只是一种很原始的强弱关系。今天你可以去揍他，他是打不过你，但如果有一天他能打过你了呢？家庭的悲剧就由此产生了。每一个离家出走的孩子，每一个跳楼自残的孩子，我相信背后一定有非常深层次的家庭暴力的原因。这里所说的“家庭暴力”，其实不光是那种外在肢体上的为所欲为，比如罚站、关小黑屋之类的，语言暴力、心理孤立、精神控制等冷暴力同样都是暴力。

不要让孩子一看到妈妈就想到絮叨，一看见爸爸就想起他会揍人，这样的举动会让孩子形成非常不好的印象，会影响他们的一生。孩子肯定有不懂事的地方，但是我们在解决问题的时候，不能因为他们不懂，就简单粗暴地对待他们。当孩子情绪不好的时候，要带着他们上升到另一个维度，将他们带入到情绪好的状态里；而当孩子听不懂的时候，就要降到他们的维度上去，讲他们能听懂的话。

这些其实都可以归结为“德育”的一个体现。

3.3

为什么父母会永不知足

很多时候我们都会讲，父母是永不知足的。我国或者说东亚地区的民族在这点上的问题尤为明显，根源其实就在于我们的这种礼仪制度。

首先是因为人口密度太大；其次是因为从隋唐以来的科举制度，大家都习惯于去分阶层。在西方，例如北欧有些国家，一个市长的工资跟一个清洁工的工资相差无几，他们会收非常高的个税来缩小贫富差距。但当下的社会价值取向中，“官本位”的思想一定程度上还存在着，尽管我们反复强调不该如此。这就导致了我们不仅想要和别人去比，还想让自己的下一代也和别人的下一代去比。这样的问题投射到了每一个家庭里，就是很多父母长辈会觉得孩子找工作的时候，应该先考虑当个公务员或者是金融行业的高薪人才。可另一方面，我们同时又已经开始在讨论公务员的体系是不是太庞大了，虚拟经济是不是已经严重挤压了实体经济的发展。试想，如果一个民族的年轻人都不想着去做科技创新，这个国家的科技未来又在哪里呢？

某种程度上讲，如果大家天天去研究人的出身和地位，这个社会必然处处投机，遍地戾气。而这些问题的根源，其实就在于“比”。当人们把成功的标准束缚在了某条单一的价值观上时，整个民族就会变得非常不幸。北大、清华的招生名额是有限的，如果所有孩子都去补课，只会导致分数线进一步提高，学生和家长陷入新一轮的内卷，这个过程中不会有任何一个人觉得自己是身心愉悦、健康的。

所以我呼吁大家更应该回归现实，回到当下，脚踏实地，多讲讲普通老百姓的日常生活实际是怎样的，应该是怎样的。我国社会的主要矛盾已经转化为人民日益增长的美好生活需要和不平衡不充分的发展之间的矛盾，而解决发展不均衡不充分的问题，则需要靠每一代人的不懈努力。

从生物学上来讲，地球上的每一个物种延续到今天，都不是因为它善于跟其他物种去比，而是因为它发现自己跟别的物种比不了的时候，它找到了属于自己的新的生态位。有的从海洋来到了大陆，有的从大陆飞向了天空，也有的从大陆返回了海洋。也就是说，即便从生物多样性的角度上讲，我们这个地球的真相也一定是要接受多元化的标准。

如马斯克[1]等美国的科技巨头，始终都在考虑如何去扩展人类的疆域，向真实宇宙中去延展，帮助人类成为一个多行星物种。这其实就相当于当年阿蒙森到南极探险、“五月花号”[2]到普利茅斯、阿姆斯特朗登月，在人类发展史上都是具有历史性意义的。可相

---

1 埃隆 · 马斯克：企业家、工程师、慈善家、美国国家工程院院士，同时拥有南非、加拿大和美国三重国籍。

2 五月花号：May Flower，英国3桅盖帆船。1957年在英国德文郡（Devon）布里克瑟姆（Brixham）建造。

比之下，我们的科技公司如果天天想着怎么去收割韭菜，研究三个萝卜两个菜应该谁来卖的问题，这个高下就立现了。须知，做蛋糕永远比分蛋糕有意义。

这是一个特别悲哀的事实：如果都不去下笨功夫钻研硬核科技，而是都喜欢听概念、挣快钱、当大官、做金融，人云亦云，且这些问题长久地在大家的心里形成一个思维定式的话，那我们依然还在隋唐时期以来的科举时代中，走不出来。只有在多元化的成功标准的驱动下，才有可能真正实现科技上的全面突破，而不只是在一两个点上小有成就。

回到父母或者家长身上，如果他们要克服这种永不知足的心态，首先就要杜绝攀比。子非鱼，安知鱼之乐也？在很多看似光鲜的生命背后，其实是一个长满了虱子的躯壳。大多数时候，你只是看到了别人想给你看到的东西，而那些并不是生活的全部真相。

其次，要让自己持续进步，对知识永不知足，就会逐渐避免对别人的不知足。还是那句话，书山有路勤为径，书看得足够多的时候，你就会越来越自洽，越来越明白你的不知足应该是去跟人类的知识比，应该是要考虑怎么去为人类已经实现的成就添砖加瓦。一定不能是跟别人去比，跟别人家的孩子去比，这些都没有意义。

3.4

幸福童年的根本在于亲子交流

可以肯定地跟各位父母说，幸福童年的根本就建立在亲子交流的基础上。

有很多权威的报道提到，不少早产儿只是因为被母亲紧紧地抱在怀里，存活率就会大幅度地提高。你说这个过程母亲做什么了呢？无外乎就是让孩子感受到了她的心跳，有一些身体或者情感上的交流，但早产儿的存活率确实因此有所提高。所以说孩子在面对这个世界时，最初的安全感其实是母亲给的。然后在孩子开始对外部世界有探求欲的时候，父亲也不能缺席，父母之间的关系要融洽。这些点组合在一起，就是亲子交流。也就是说你必须对你的孩子投入足够多的关注，才能带给孩子一个足够幸福的童年。而且这个关注不仅仅是时间上的陪伴，更重要的是质量和效率。

举个很简单的例子，我每天晚上都睡得很晚，睡前都会去看一眼女儿。如果发现她踢被子了，我就给她盖一盖被子；如果发现她被子盖得不严，我就给她掖一掖。她大部分时间都是已经睡着了的，给她盖十次被子，可能有一两次她会知道。后来她就养成了一个习惯，她知道自己半夜一定不会受冻，因为爸爸一定会给她盖被子。这事难吗？这事不难，只要你在家就都能做。但对于她来讲，可能这一生都会觉得有人会给自己盖被子。或者说，即便有一天没人给她盖被子了，她也会想小时候爸爸曾经给自己盖过被子，不会因此感到害怕。这就是童年给人塑造的安全感，这就是用童年的经历去治愈她的一生。

高层次一点的亲子交流，其实更应该是和孩子共同学习、一起进步。有一次，我带女儿去爬剑门关，当天下着不小的雨，雨声很大。此时此景，我突然很想背一背李白的《蜀道难》。女儿也会背，但她一开始是不肯背的，因为路人很多，她有些害羞，不太敢张口。我没有要求她必须一起，只是自己在大声吟诵，结果她逐渐被我的慷慨激昂所感染，就跟着一起背了，甚至后半段背得比我还要大声，还要用力！从她因羞涩不肯张嘴，到最后张嘴大声背诵，那一刻我就深切地体会到了亲子之间的感召力量是多么的强大。

在陪伴她成长的过程中，有一件事让我印象特别深刻。有一回，我给她讲《西游记》，说唐三藏师徒四人来到车迟国，里边有虎力、鹿力、羊力三个大仙儿（妖怪）。讲完以后，女儿就问，虎力为什么不吃鹿力和羊力呢？这个问题直接就把我给问倒了。确实啊，老虎既会吃羊，也会吃鹿，这里怎么不吃了呢？一时之间，我根本不知道该怎样给她一个比较好的回答。过了一会儿，反倒是她发现我答不出来，就很轻松地说："爸爸，我觉得他们应该是朋友。"那一刻，我既惊讶于她思考问题角度的特别，又感动于她帮我把问题圆回去这一行为的暖心。对于孩子这样的一些表现，你其实无法从成人世界的观点去预测，或者从一个所谓理性的角度去解释，但在这个过程中她所释放出来的好奇和善意，就已经足够去温暖你了。所以一个好的童年不仅仅是父母温暖孩子，孩子也同样温暖了父母。

因此可以看到，我们在亲子交流的过程中，不能因为觉得孩子还小，就什么事情都不认真对待；不要因为孩子问的问题比较奇怪，就没有耐心回答。你应该放低姿态，降到他们的角度上去想问题，或者让他们按照自己的思路来给你讲解，反而会有特别的收获。家长应该认识到，跟孩子进行交流互动的过程，其实也是一个不断拓展自己边界的过程。用孩子的视角去看世界，往往可以给予我们成年人不一样的思维方式。

女儿刚上小学的时候，有一次她突然跟同学很高兴地走了而忘记和我打招呼，我有那么几秒钟的时间感到有些落寞。那一刻我突然明白了，其实父母和子女的交集是有限的，我们应该更加珍惜能够在一起的亲密时光。我不希望她到十多岁的时候，因为觉得自己长大了就不愿再抱我。我不希望跟她的交流，就仅仅只是“爸爸我没钱了”“爸爸我想买双鞋”之类的话，我希望她能像小时候一样跟我去聊一聊《小马宝莉》是什么，《海底总动员》是什么，爱莎和安娜到底哪一个更好看。我们还是可以讨论三国和水浒，她给我说说为什么《孤勇者》忽然就流行起来了。这其实是一种很好的交流，亲子之间应该有很多这样的关联。

也许再过十年、二十年，大家聚在一起，她让她的孩子叫我姥爷，让我给她的孩子讲一下水浒，就像童年时我教她的那样。我们可以通过当初的那些联系，在今后各自漫长的人生中，形成千丝万缕的纽带。家长也将始终感激孩子们的到来，让我们成为更好的自己。

3.5

将孩子看作独立的生命个体

孩子是一个独立的生命个体，他必须首先是一个有独立人格的人，有他的喜怒哀乐和七情六欲，然后才是你的孩子。在你和他相处生活的过程中，他不可能作为你的一个依附而存在。从另外一个角度讲，你其实也不完全是“你”，你身上还有很多的菌群，你自己本身就是一个生态系统，实际上大家都是一堆生态系统对另一堆生态系统的交互。就像存在主义哲学家雅斯贝尔斯[1]

1　卡尔·西奥多·雅斯贝尔斯（Karl Theodor Jaspers）：德国存在主义哲学家、神学家、精神病学家。

所讲的一样，教育的本质其实是一棵树去摇动另一棵树，一朵云去推动另一朵云，一个灵魂去唤醒另一个灵魂。

相比起在幼年时期就把孩子当作一个独立的个体来对待，可能很多父母更加不好接受的是孩子终有一天要长大离开。很多父母明明知道这是一件必然的事情，但是依然会感到伤心。但其实父母们要回想的是，自己是怎么当上父母的？不正是因为离开了原本的家，才能够组建现在的家吗？面对孩子的长大，你可以伤心一下，也可以伤心好几天，但实际上这就是一个必然的程序。孩子不是你的一部分，你只是陪孩子走一段路。瓜熟蒂落，开枝散叶，一切都很正常。

实际上也不是孩子离不开你，而是你离不开孩子。你为什么会离不开孩子？那是因为你自己都没活明白，你可以寄托的事物太少了，便将自己的人生重心都压在了孩子身上。在这种情况下，要让孩子接下去的人生过得幸福，其实反而是要告诉他们，父母依然很努力地在生活着，接下去就一起来看看我们这两个家庭，哪个能过得更加幸福、更加开心。

如果更进一步地思考，将孩子看作独立的生命个体，其实还意味着，你要接受孩子会长成跟你不一样的人。你做什么，孩子就跟着做什么，那仅仅是一些技能的传授，一种潜移默化的影响。但孩子今天成长的土壤和环境，都和我们当时不一样了，所以他们注定会和我们不一样，他们最终还是会成为自己。对于所有人来说，不管这一代有多成功，都要做好一个准备——自己的孩子这辈子大概率就是一个平庸的人。这个地球上绝大部分的人，都是今天世俗定义里所谓平庸的人。反过来讲，这个“平庸”如果我们能把它看成“平凡”，就会更好。让你的孩子找到自己和世界相处的方式，这就够了。

所谓的一代更比一代强，这在广义的每一个家庭的角度上去理解是不可能的。单纯的高低比较只会带来焦虑，这些都是没有意义的。他们能在自己的生活中过得很开心，拥有一些上一代未曾具有的能力，这就已经足够了。

就像我曾经跟女儿炫耀，开玩笑地说你爸小时候所有的学科都是考100分的，可是你看你，这科才考了90分，那科才考了80分。这时女儿反过来问我，那爸爸你舞蹈也能考100分吗？我才猛然想起，我不会跳舞，甚至连压腿都不行。

3.6

孩子的个性并无好坏之分

每一个孩子都有个性，个性本身并无好坏之分，只有落实到具体的事情上才会有分别。勇敢用在战争中，就是战斗英雄；勇敢用在杀人放火上，那就是犯罪。

“周处除三害”的故事大家还记得吗？周处年少气盛时将一身武力用在欺凌乡亲上，大家都躲他躲得远远的；知错后用一身武力除去为害乡里的“三害”，大家就都来称赞他了。周处的个性是好还是坏，跟今日的科技一样，就看我们怎么去用。把科技用在该用的地方，就是造福人类；用到不恰当的地方，那就是祸害万年。对于孩子身上所表现出来的个性，我们其实也应该用这种因势利导的眼光去看待。

有些家长可能觉得，孩子的个性如果比较明显，会显得跟别人格格不入，显得不合群。但我一般会告诉我的孩子，这就是你的特点，你要去善用它。从生物学的观点来看，残疾也只是人体的一种特点，就更不用说个性了。其实更多的时候，也并不是孩子个性的问题，而是家长或者家长群体觉得孩子的个性没有按照自己期望的方向发展的问题，实际上是家长把自己的执着即“我执”，放到了孩子的身上。他们不接受孩子表现出来的个性，他们希望孩子有他们所喜欢的个性，这才是问题的根本所在。其实家长作为成年人，应该做的是“执我”而不是“我执”。家长自己都做不到的事情，却寄希望于孩子去做到，甚至施加压力，强行改变孩子的个性，实在是一件很荒谬的事情。

有的孩子个性比较乖巧懂事，对家长的大多数要求往往都是顺从的。很多家长也会觉得这是一件好事，这至少证明孩子肯听他们的话。但其实孩子如果过分“懂事”，特别是事事都顺从，要么是压抑了自己的部分真实想法，要么是对大多数的事情缺乏主见。孩子身上有一个指标是“钝感程度”，最好的程度其实是不过分敏感但也保持兴趣，太“钝”就要思考是否会存在隐患。

也有的孩子个性比较沉静内敛，经常被家长教育说要变得外向活泼些，仿佛外向就是优点，内向就是缺点一样。但事实果真如此吗？其实不然，无论外向还是内向，都只是人性格的一种体现，本身并无优劣之分。这个世界上有多少外向的人，就一定有多少内向的人，在生物学上我们称之为“多态性”。一个人究竟是外向还是内向，在个体身上的体现也是讲究范围和情况的，很多人跟熟人相处就很外向，跟陌生人相处就很内向。所以说这都是一种特点，都是生物多态性的体现，只要孩子身心正常健康就好。

人类性格的多样性，天然就是人类这个生物群体多样性的一部分。人类的基因有多样性，人类的性格就一定有多样性，这种存在是一个必然，甚至有的时候是不可调节的。对于孩子的性格，我们需要做的就是接纳，然后让这种性格朝善良、达观的方向去发展。只要他们是向善的、达观的，什么样的性格其实我们都可以接受，也都应该接受。

第四章

身教胜于言传
童年治愈一生

纸上得来终觉浅，
绝知此事要躬行。

宋·陆游
《冬夜读书示子聿》

4.1

孩子应该养成的三个好习惯

习惯本质上是物种生存和繁衍的方式，对人类来讲同时也是一种文化在生活上的延展。动物有动物的习惯，人有人的习惯，习惯会影响行为，而行为也会反过来影响习惯。久而久之，行为成就习惯，习惯成就性格，而性格成就命运，所以我们通过对习惯的改变，确实可以逐步实现对命运的改变。

对于孩子而言，自己叠被子、自己穿衣服、自己把饭吃了，这些不一定是成了习惯，很可能也有被动的成分。习惯不仅是某个具体的动作，而是一种主动而自觉的念头，是始终贯彻的一套行为准则。我希望每一个孩子可以养成以下三个好习惯：

第一个是正能量，即保持积极向上的心理状态。让你的孩子永远都相信会有美好的事情发生，相信天生我材必有用，每一天都是全新的，而我们要做的就只是把握当下。要让孩子从小积极勇敢，父母在日常生活中对他们的小暗示就非常重要。我们都知道，所有的意识活动都是有物质基础的，情绪在某种程度上能够改变基因的表达。所以你给孩子正面的暗示一旦多了，他们一高兴，身体里的激素水平或许也就不一样了。

比如说，女儿有时候也会没有自信，我就会跟她说：你遗传了我的基因，爸爸可以的你应该也可以；这首诗虽然很长，但我相信你的记忆力很好，放心吧。所以在成长的过程中，她大部分的想法都很积极正面，能够积极接受适当的挑战，无事不惹事，遇事也不怕事。

第二个是拥有自理自立自强的能力，让孩子自己去解决自己的问题。跟小朋友吵架了，自己去解决。如果男孩子跟别人打架了，我也不介意他打回去。很多人说，怎么能让孩子打架呢？我始终认为每个人终将面对自己要解决的矛盾，如果今天孩子面对小朋友之间的小打小闹都不敢反击回去，那将来面对社会上那些不公的行为时又怎么敢见义勇为？我们今天可以看见很多嘴上说得天花乱坠的成年人，实际在社会上遇到丑恶现象时都不敢挺身而出，在该见义勇为的时候甚至会选择躲起来，这其实是我们社会精神的一种悲哀。

从另一个意义上讲，今天允许孩子在幼年时打一些小架、犯一些小错，是为了他们将来长大后不打大架、不犯大错。拳击是什么？搏击是什么？接触类的竞技运动是什么呢？从生物学的本质上来讲，这些都是某种程度的“打架”，只不过是在一定规则下做好了保护措施后，再去进行而已。所以不用害怕孩子打架，也不一定要完全阻止孩子打架，有些问题让孩子自己去解决，甚至是吃点苦头都可以，这样他们才会拥有很强的自立能力。而每一个孩子也只有管好自己，才能进一步去谈帮助别人。

第三个是事事关心，要对自己周围的事情保持好奇。孩子天然会对一些事情感到好奇，但对所有的事情都感到好奇那就不是一种本能，而是一种非常了不起的技能了。我们需要让孩子身上这种无意识的、本能的好奇，进化为一种有意识的、对万事万物的关爱之心，对世界始终“打开大脑的天线”，这是需要后天培养的。

比如说，我家楼上有一个行动不便的老人，他乘电梯时要坐电动轮椅，很麻烦很费事。女儿每次看到，都会帮他把电梯门按开，静静地等着老人进出。这就叫关心，去思考别人遇到了什么问题，我能不能为他们提供帮助。再或者说，如果今天有小朋友没来上课，她也会去问为什么这个小朋友没来，是不是有什么地方是她可以提供帮助的。很多家长都希望能培养孩子的领导力，这不就是领导力吗？

再比如，陪孩子看冬奥会，我们都知道谷爱凌很厉害，那谷爱凌到底做了什么呢？在空中1620度转体。于是趁这个机会，把360度的周角知识给孩子讲一讲，再扶着她原地转四圈半，她不就多明白一个知识点了吗？

让孩子学会事事关心，其实正是培养孩子终身学习能力的一个很重要的基础。这种关心我们用一个大家可能听起来更熟的词，可以叫“操心”。有人会说，瞎操心难道是一件好事吗？我敢肯定地说，是一件好事。所有厉害的人，其实都是爱“瞎操心”的人，因为他们看到了别人看不到的地方，解决了别人未发现的问题。也恰恰是这种操心，会让很多人觉得自己有存在的价值，可以让自己生活得很开心。同时他们也会有更多的同理心和同情心，去对待这个社会，对待周围的人。

正能量，自理自立自强，事事关心。我想一个家庭只要能让孩子养成这三个习惯，就已经足够让他们去应付人生中将要面对的很多事情了。

4.2

管理孩子情绪的重点是让他们共情

现在总说：不辅导作业时母慈子孝，一辅导作业就鸡飞狗跳。我有时候也会无法理解孩子的一些行为，甚至在极端的时候也曾陷入情绪失控的状态里。但后来我就慢慢明白了，要懂得如何去跟孩子沟通才能真正解决问题。

我会在女儿相对长大一些以后，给她看我这一天所有要干的事情，然后告诉她，其实你每天遇到的难题和我遇到的难题都差不多，我们都有各自不会的事情。在这过程中有两个选择：一是我们做时间的主人，勇敢地面对那些需要我们去完成的事情；二是我们做情绪的奴隶，任性生气撒泼发火，把所有事情都放到一边，不管了。这两种选择，你选哪一个？

在这个过程中，我会尝试去给她讲一讲，我是怎么去克服一些看起来不大但有时却很困难的事情的。她小的时候，有一次暑假，我带她去一个很难预约的野生动物园，我们在模拟的热带雨林环境里穿梭。她因为看不到高处的东西，就一直骑在我肩膀上。天气闷热，一整天这样下来当然很累，回去后我就立刻发烧，并引发了呼吸道感染。

我后来跟她说，其实那天好几次我都难受得想放弃继续行进了，但还是坚持了下来。如果爸爸因为累了，情绪不好了，就不抱你了，那你就看不到那些动物和植物了。更重要的，你将来回忆起这件事来，很可能就是我们一起半途而废的印象。其实每个人都可以为了别人，让自己去承受一些可能的不便，这就是所谓的责任感。你看爸爸每天都要开那么多的会，干那么多的活，但爸爸有哪一天停下来了呢？因为爸爸所在的公司影响力很大，而爸爸又刚好坐在一个重要的位置上，所以不是想不开会就可以不开会，想不干活就可以不干活的。现在全世界都在做生命科学的研究，我们也在跟很多对手做科技竞争，如果爸爸慢了，可能整个公司的几千个同事就慢了。所以无论遇到什么问题，爸爸首先做到的就是管理好自己的情绪，然后再去和大家一起把事情一件件解决。

就像我上边所表达的那样，一定要给你的孩子多举几个他身边的例子，让他觉得你也不容易。每个人都不容易，所以这个过程中大家友好协商就行。这样他体谅了你的难处，也会进一步去体谅别人的难处，在面对任何事情的时候就不会那么容易发脾气，陷入负面的情绪当中了。当他越来越理解每个人都会有自己的难处，能够真正设身处地为别人着想时，他就会带着一种平和的心态，主动提前地去做很多你都预想不到的事情。

比如说，在女儿越来越理解我之后，她就会在我给自己的新书做签名本的时候，主动过来帮我把一张张纸铺开，让我能更加有效率地去完成这件事情。她还会因为知道我喜欢喝茶，就提前泡茶给我喝。她懂得这样做，我就必须懂得去感谢她，给她反馈。

我会问她说，你怎么知道我就想喝这个茶的？当知道了我爱喝某种茶，也觉得做这样一件事情很好以后，她就总会给我泡这种茶喝，我也趁机给她讲讲茶叶的知识。父女之间就这样形成了一个良好情绪的正向循环。

我们必须明白，很多时候跟孩子讲大道理他们是听不懂的，只有举身边的事情作为例子，让他们产生共情，他们才听得进去。比如妻子生完二孩在月子中心休养的时候，需要我来带女儿一段时间。我就告诉她，爸爸下班回来时间晚，在我回来之前，你要自己先睡觉。你可以跟我睡一张大床，但是我们要叠一床被子作为分界线，只要不过这条分界线，剩下那边都是你的地盘，你在那边可以想干什么就干什么，比如和一堆毛绒玩具一起睡也可以。然后我就发现，她在分地盘的时候，就会尽可能多地把空间让给我，而不会跟我抢。在我下班回来之前，她也可以比较情绪稳定地入睡。所以你明白了吗？当你把分配权给到孩子的时候，孩子就不会自私了，也能够控制自己的情绪了。但如果我一开始不是这样做，而是直接跟女儿说，你不能跟我闹脾气，你要自己睡觉，那她到最后肯定不乐意。

其实孩子情绪的稳定与否，受家长影响的成分要更大。在正向的好事或者无关紧要的小事上，其实家长可以选择善意的谎言。我就经常跟我的孩子讲，那颗星星是离开的奶奶在天上看我们；你牙掉了也不用怕，会有牙仙子让它再长出来的；此刻你想要什么玩具你可以许个心愿，很快就会有神仙偷偷帮你实现。其实那是因为我早就在家里买好了一些没拆封的玩具，今天只要她许愿了，第二天我肯定能给她一个一样的或者接近的。长大后，她慢慢知道了这其实不是真相，但她会明白这就是一种善意，或许未来她有子女的时候也会如此，这也是一种家庭文化的传承。

但在负面的事或者是比较重要的大事上，我们都要坚决地遵守不能欺骗孩子的原则。如果是道德上的问题，在那一刻我会很严厉地批评她，甚至用戒尺打手掌。因为有些事情一定要让她记住。她不可以不尊重老人，不可以拿石头丢流浪猫，这些都是做人的底线，父母不可以无条件地溺爱她。但同时我也会始终清楚，孩子犯错是一件太正常不过的事情，就像你一定会生病，你也会犯错一样。如果把孩子犯错看作是一个偶然事件，那就大错特错了。孩子犯错其实是必然事件，重点是我们应该如何去对待。

在让女儿情绪变得不好的那些事情上，可能90%都是正向的事或者无关紧要的小事，这些都可以从轻处理。剩下那10%的负面的事或者比较重要的大事，就需要从严处理了。我要求她首先必须得是一个心理健康的人，一个心怀善良的人，一个守公序良俗、有正确价值观的人，不可以欺软怕硬，也不可以是非不分。这些是红线，是正面管教里我们必须要去把握的东西，对此家长不能够妥协，不然孩子会觉得这个世界都是围着他们转的。

再有一点，如果孩子因为某些事情产生了坏情绪，父母最重要的是先解决孩子的情绪问题，然后再解决那个让坏情绪产生的根本原因。有很多人解决了显露于表象的“症”，却忽略了潜藏在背后的“因”。这是不对的，根上的问题一定要解决，才是教育的长久之计。

每个人都会有很多种不同的情绪，孩子也一样，除了生气、难过、暴躁这类偏负面的情绪，还有开心、兴奋、满足这类偏正面的情绪。面对所有的情绪，所有的家长其实都希望孩子能达到宠辱不惊的状态，比如适度高兴可以，但不能得意忘形。这就好比，明明有水平考上一本的孩子，为什么高考时会发挥失常？一个可能是因为紧张，一个可能是过于兴奋，晚上没休息好。所以说，好的运动员一定会管理好自己的情绪，他不会什么比赛都参加，更不会去过分在意外界是怎么评价他的，这样他才能保持自己稳定的发挥。

“偶然治瘥一病，则昂头戴面，而有自许之貌，谓天下无双，此医人之膏肓也。”诚如药王孙思邈所讲，治好一个病没什么了不起，他作为医生就应该把病治好；而你作为学生就应该把学上好，这都是分内之事。所以当孩子因为一些分内之事而显得特别得意忘形的时候，我们要想办法稍微去压制一下。但这种压制不是直接的否认，而是设定一个更进一步的目标。比如可以告诉他，能不能保持这样的状态连续三次？就像电影《雄狮少年》里展现的那样，始终立一根擎天柱在冠军眼前，提示他“一山更有一山高”。这样的因势利导，有利于让孩子形成一种宠辱不惊的“达观”状态。

换言之，今天你做了很了不起的事情，也不要表现出得意洋洋的样子；明天做错了或者没做好，也不要觉得天就要塌下来了。人逢大事有静气，追求的其实是一种稳定的状态，孩子也需要活在一个情绪不那么戏剧化的世界里。

4.3

一个家庭至少应该有三百本藏书

研究表明，孩子的知识量和阅读量是正相关的，孩子的受教育程度和家庭的藏书量也是正相关的。父母应该在整个家庭营造读书的氛围，一个家庭至少应该有三百本藏书，覆盖到不同的学科和领域，把书放到所有能放的地方去，让书成为家庭环境的一部分，然后家长带头读书，孩子可以随时看到书、随手拿起书，他们自然也就会爱上读书了。

我从小就喜欢读书，这和我的原生家庭有很大关系。父母在我还没有出生的时候，基本上只要新华书店一上架新书，他们就会把自己感兴趣的都买回家。

我们家当时的面积只有四十几平方米，藏书却有大大小小两万本。

或许你不太好想象，但当年我从小睡的那张床，下面就密密麻麻塞满了书。像《射雕英雄传》这一类的书，基本都是电视剧还没演完，我就已经看完了，那时候的我也就才六七岁。四大名著和各种中外名著，我都是在很小的时候就读过了，这些书甚至到现在都还留在我的书架上。

大学时期，我的阅读量还曾经达到过一年四百本的高峰。那时刚好建了一个新的图书馆，是大连理工校园里最好的建筑，进去都是要抢座的。我平时没什么事情的时候，就到图书馆里如饥似渴地看书，既有专业的，也有非专业的。非专业的书，我看得最多的就是计算机类的。当时计算机类的报纸也非常多，比较出名的有《大众软件》《电子游戏软件》《电脑商情报》《电脑报》等，特别喜欢的我会自己订阅，其他的就到图书馆的期刊区取阅。在这个过程中，我一直在有意识地培养自己，因为要在电脑城打工，所以要大量地去背各种产品的价格和型号，还要记住它们之间的细微差别。之后再去电脑城应聘面试零工的时候，人家就会意外地发现，我居然比他们研究得还要透彻。

读书这个习惯，我一直保持到了今天。它不可能是在某一天突然养成的，而势必是经过无数个日夜的热爱和坚持才能形成。它萌发于幼年，受父母及周遭的影响，却最终显现在个人生命中的各个阶段。在引导孩子爱上读书这件事上，我认为很多时候父母其实应该要做到有为，但同时又要让孩子感觉到无为。我自己常常在家吃完饭后，就随手拿起一本书继续在餐桌上看，这是有为还是无为？这对我来讲是有为，这对孩子来讲是无为。我没让她看书，但她发现我大多数时候都在看书，自然就会被感染到。

同样的情况，如果你想让孩子干活，就得让自己先去干。有时候你要懂得示弱，自己做一些并不强迫孩子去做的事，他们就会给你越来越多惊喜的表现。我看过一本童书，书名叫《疯狂学校》，书里的老师装成什么都不会，一切要靠学生来教。可一年过去了，班级里的学生却因为觉得老师实在太笨，反倒愿意全班一起努力学习，只为了让老师能顺利和他们一起升上二年级。这个过程中，老师不就是通过自己无为来带动学生们的有为吗？

4.4

行万里路胜过读万卷书

读书是很重要，但我始终相信行万里路胜过读万卷书。只要有机会，我就带着女儿去大自然中，去历史名胜之地，去各大博物馆，用实践的方式教给她知识。

为什么带女儿去汉中？因为那里有三国的历史，那里有《蜀道难》的实景。为什么带她去天水姜维墓？因为我想让她了解三国二十四名将。我带着她一起去，她就跟着我一起背："一吕二赵三典韦，四关五马六张飞，黄许孙太两夏侯，二张徐庞甘周魏，神枪张绣与文颜，虽勇无奈命太悲。三国二十四名将，打末邓艾与姜维。”带她去成都武侯祠的时候，我就会跟她一起背《蜀相》，一起念诸葛亮写的《出师表》。

我们相处的很多时候就是在互相背、互相考，这个过程中也会到发生这些事迹的实地去，让她在实实在在的场景中体会这些知识。我俩现在在背《水浒传》的一百单八将，也基本背完了，所以下一站我一定会带她去梁山泊。欸，你看，混江龙李俊、船火儿张横这些人当时就是在这地方混的，你看这个湖也就这么大，朝廷为什么打不进来呢？是因为当年没有船吗？就这样实地地去给她讲解问题，一定能留给她更加深刻的印象。

很多人会说，他们没有这样的经济基础和时间精力，可以带着孩子到处去逛。我说，那您可以选择到离家近的地方去啊。于是那天有个人突然来问我，他家在河南，他应该去哪儿好？我说，很简单，就去官渡吧，就在离郑州机场不远的中牟县，去看看袁绍和曹操决战的地方。其实无论您住在哪儿，身边基本都有值得发掘的地方，不知道去哪儿那是您的问题。家长自己不学习，却总抱怨自己没经济基础没时间精力，那这样的家长也确实需要“再教育”一下。

还有一种家庭里的父母，会把手机、iPad之类的东西塞给孩子，让孩子玩“贪吃蛇”之类的简单小游戏，然后就把他们放在一边，让他们去消耗自己的精力。这是一种极度不负责任、极度偷懒的行为。在我看来，就算你要让孩子玩，那也应该要让他们玩到极致。我们家会让孩子打牌，春节的时候我就在教女儿打麻将，其实是想让她在这个过程中去学习所谓的“尔虞我诈”，为什么这个牌可以这么打？根据对方出的牌，我下边应该怎么去出？实际上是在用打牌、打麻将的方式，去教给她一些专业的技能。

我不会因为孩子当下的接受程度不足，就不给孩子讲相对专业的东西，正如我不会刻意降低语速、改变语气和她交流，这样其实更利于她学会平等交流的态度，有利于她表达能力的提升。当然，如何把这些专业的东西用孩子们能够理解的方式讲出来，对家长来说也是个需要学习的过程。

举个例子，给孩子讲白居易的诗，讲到《问刘十九》的时候，我就会给她讲唐朝的同辈人用数字排序的规矩，刘十九实际上叫作刘禹铜，是刘禹锡的堂兄，而刘禹锡算下来是刘二十八，他和白居易还是同一年（公元772年）出生的；再比如讲到《琵琶行》的时候，“唯见江心秋月白”这句里“白”应该怎么读？实际上上一句是“四弦一声如裂帛”，所以这里应该读“白”的古音即 bó，韵脚就顺上了，这可能就是当时的“普通话”；再比如讲到《卖炭翁》的时候，读到那句“半匹红纱一丈绫”，我会给她讲唐朝是允许绢帛等丝织品作为货币使用的，这里的红纱就是红绡，正如《琵琶行》中的“一曲红绡不知数”，说的实际上是一类似的物品。通过不同诗词中类似“飞花令”的模式，进一步强化她对卖炭翁悲惨境况的发散性比较。

您可能又会反问，这些知识要到哪里去找啊？其实很多我也是现学现卖的。如今的网络如此发达，各类垂直知识的专业解读都有专门的栏目或者作者来诠释，作为成人只要花点时间精力，很容易就能找到这样有趣的结合点，然后讲给孩子听。甚至不管什么样的游戏与玩乐，都会有一定规则和道理。那这个道理是什么？你也要讲给孩子听，而不是简单粗暴地打发他们，让他们纯粹就是消磨时间。比如玩“贪吃蛇”也有玩“贪吃蛇”的道理，你可以说你觉得这不是蛇，他就会反问这是什么？然后你就可以说是蜈蚣、马陆、千足虫，找几张图片给他看，这不就认识了吗？

有一次，我跟女儿开玩笑，问她蛇和蜈蚣一起出门，为什么永远是蜈蚣慢一些？谁用穿鞋？谁不用穿鞋？谁掉头难？这些其实都是可以寓教于乐的，只要你愿意给你的孩子讲一些“奇怪的知识”和“脑筋急转弯”，他们自己就会逐步理解这些“梗”，未来也会增加其拓展型思维的能力和幽默感。

4.5

让孩子相信世界是可被认知的

学习的目的之一是摆脱愚昧。时至今日，我们有很多事情仍然处于愚昧之中，甚至永远处于某种程度的“愚昧”当中。人类想要接触并达到一个更加和谐美好的世界，本质就是通过学习来学会思辨，逐步不再害怕未知。人类社会走到今天，能以更少的能量消耗来支持更多的人，其关键是科技的进步。科技的进步从本质上来讲是证伪，是既要站在巨人的肩膀上前进，又要不断去颠覆权威以求突破，所谓“吾爱吾师，吾更爱真理”，这件事情正是要通过学习才能达到的。我们也清楚，能开辟鸿蒙的人毕竟是少数，更多的人只是跟随着先贤的脚步去学习，但这已经就是走在摆脱愚昧的道路上了。

对于一个孩子而言，学习更加实用或者说微观的意义，则在于让他认知到世界是可以被认知的。具体来讲，就在于你觉得这个世界有不实的地方，就应该自己主动去探究。不是功利性地摄取知识，也不局限于书本上仅有的答案。我反对所谓的教育都在学校，教育都在家庭。不对，教育在一切场景下。一朵云晃动另一朵云，一棵树摇动另一棵树，一颗心影响另一颗心，都是教育的所在。要让孩子明白任何事物都有趣，都值得去思考和探求，这就是所谓的“无用之用方是大用”。

我家孩子的学习成绩也不是特别好，有些学科的成绩我都觉得跟她花费的时间和付出的精力暂时还不成正比。但于我而言，这件事情并不着急，重要的是我希望她能更多地从一个心智健康的层面上去获得成长，因为学习是终身的事，而不是一个阶段性的事。我们并不能用孩子是学霸，来证明孩子就是成功的。我更希望我的孩子能跟世界相处得很愉快，她很笃定，也很达观，能够通过坚持终身学习来不断接纳自己，这才是真正重要的事情。

还是那句话，我已经做好了接受“我的孩子这辈子大概率就是一个普通人”的准备，这也没什么不好。拿自己举例，我是一个出生并成长在四五线城市的孩子，从我的父母和家庭来看，绝对看不出我会有今天的成就。万事万物发展到一个阶段，都会均值回归，我们不可能指望一代都比上一代还要强。但这个过程中，如果说有什么东西是我希望能够有所传承的，那就是家庭传承给我的“家风”，爷爷奶奶、姥姥姥爷、父母从小便使我形成的这种“终身学习”的态度。

我虽然在东北长大，但我爷爷这一脉是山东籍的，在烟台老家还有很多亲戚。山东人比较讲究礼节，我们家的人基本都很与人为善，也很乐观真诚。我们的亲戚有在美国的，有在日本的，他们甚至一开始连外语都不会，但依然靠着自己的打拼在外落地生根了，生活能力很强。我希望我的孩子能意识到并且能传承给下一代的是：人如果永远相信希望，那这个人到哪里都差不了。

我是做生命科学研究的，我知道一个人会拥有几个不同定义范畴的年龄。一般人首先认知的是社会年龄，也就是每个人身份证上的年龄，它可能会定义十八到三十五岁叫青春。其次是生理年龄，在这个年龄定义中，我们都渴望可以尽量保持自己的体力和精力。但其实社会年龄和生理年龄可能会出现对不上的情况，社会年龄二十五岁的人，生理年龄或许已经到了三十五岁。好比现在体质测试不合格的往往是一些年轻人，有的中年人反而更加自律。还有一个是心理年龄，你是否还能与人愉快地沟通交流，是否还会进行深度思考，是否还愿意来一场说走就走的旅行……这些都是心理年龄评估的范畴。所以说，青春永不设限，不能用社会年龄去卡死所有人，只要你头脑中始终都有年轻的想法，始终有认识世界、探索世界的冲动，你就依然拥有青春。

而什么叫衰老呢？衰老不是说脸上有皱纹，而是你不再接受新事物、新思想、新技术了。如果一个人天然对万事万物都没有兴趣，不能保持一个旺盛的好奇心，其实他二十岁就已经老了。反过来讲，如果一个人一直都在思考万事万物，思考人生的终极问题，那他就始终都是年轻的。霍金二十几岁就坐上了轮椅，我们却不能不承认，他的大脑要比很多健全的人都年轻。同时，人的生命终究是有限的，所以我对下一辈的希望是，他们能够在有限的生命长度中，去提升它的温度、延展它的广度、拓伸它的深度，为它赋予各种色彩和丰度。

不要忘记去看书，不要忘记去实践，把很多事情都做到知行合一，所有的孩子都有可能活出一个和别人不一样的人生。

4.6

学习的最终目的是实践

今天，我们的学校把学科划分成语文、数学、英语、科学、生物、美术、体育等。而我经常在农业基地里教小孩子生物的名称、什么是基因、如何插秧和嫁接，你说这叫什么学科？可以说是科学课或者是劳育课，但也并没有老师会教你如何把番茄嫁接到茄子树上。其实没有一个孩子能够所有学科都考得好，你工作以后更没有人会分科考你这些，社会看的是综合能力，特别是解决问题的能力。什么是综合能力呢？首先是迅速把握实质，其次是任何事情都能快速入门。即便不能很快地精通，也可以跟着别人一起走，在这个过程中潜移默化地去学去悟。积极，不添乱，做什么事情都高兴，这些点都很关键。

我们家特别强调一点，谁有一个好的主意，我们大家都要尽量鼓励，绝对不能嫌麻烦。打个比方，在某个家庭里，老婆辛辛苦苦炒了一桌子的菜，老公今天回来却不吃，这就叫扫兴。这样的事多了，老婆就会为此记一辈子，就开始天天叨叨她老公。然后她的孩子受到影响，就会觉得将来我也可以这么对待别人。不幸的家庭，就是这么一代代传下来的。但如果反过来讲，大家面对任何事情都很积极开心，整个家庭就能培养起一种共创的氛围，孩子沉浸其中，受到影响，自然就对很多事情都会感兴趣，愿意去学习吸收了。而不是按照应试教育的要求，对某一个具体学科去书山题海、死记硬背，那样就太没意思了。

怎么能让孩子从小就对万事万物感兴趣呢？我觉得最重要的就是家长要带着孩子一起去实践。例如，买一本城市的野生动植物图鉴，带着孩子、拿着相机在城市周边拍拍昆虫和花卉，也可以抓点蝴蝶、捡些树叶来做做标本。从小我妈就带着我去爬各种各样的山，一点点地带我认识蘑菇，认识草木，今天抓个刺猬，后天逮个兔子。所以从小爬山对我来讲就不是件难事，我到山上也基本什么都认识，这是婆婆丁（蒲公英），那是小儿拳（蕨菜），这是刺嫩芽（楤木嫩芽），那是大耳毛（东风菜），还有猫耳朵（毛茇蕨），树莓在我们那时候叫山波波，奇异梅叫软枣子。后来我也带着同学和朋友一起到山上去玩，去抓虫子，去探知这个世界。我们发现一种能凑合当水果吃的酸浆（叉分蓼）如果长在坟上，就会长得特别大，后来就知道了可能是因为腐殖质的缘故。那坟上的酸浆我们采不采、吃不吃呢？这也是一个蛮有趣的事情。

我们还去抓蜻蜓，特别大的那种。后来才知道，蜻和蜓原来是两种不同的昆虫类别，蜻是比较小的，蜓是比较大的。还有一种更小的昆虫叫豆娘，生活在水边。在这个过程中，我们就会去比较捉它们的各种方法。我们都想抓特别大的蜓，比如圆臀大蜓，但是那种大蜓一般用人工的网是抓不到的。什么地方能抓到呢？一定要在特别大的蜘蛛网上才行。其实慢慢就明白了，蜘蛛是肉食性昆虫，它肯定比你更会捕猎，一般下网的地方都是有高流量昆虫的，这样就可以抓到很多蜻蜓也爱吃的昆虫。当蜻蜓来到蜘蛛的网前捕捉其他昆虫时，殊不知螳螂捕蝉黄雀在后，它很容易就被蜘蛛的网给网住了。知道这些后，我们就探寻到深山里去找大蜘蛛，找到它那巨大的蛛网，大概过几个小时再过去看，就会发现一些大蜓被困在上边。把它取下来带回家，就可以做出特别大的标本来。

世界就是这样，以一个综合的系统在运行着，从微观到宏观，从单个到多个，从里层到外层，交互影响。所以单个的学科教育只能让孩子看见世界孤立的一角，只有实践才是真正在一个综合的系统中去教给孩子知识，也只有经历这个过程，孩子才会见天地，见众生，进而见自己。

比如，蚕的生命周期从一个卵开始，从卵孵化出来蚕，蚕吐丝结成蛹，蛹又蜕化变成蛾，最后蛾又会产卵，卵又会变成蚕……生生不息，这也是给孩子们讲表观遗传学的极好案例。如果你们都不亲自带孩子养一次，他们怎么能相信生命会有这么神奇的魔力呢？很多大白鹭因为怕小白鹭晒坏，会把翅膀打开去给宝宝遮阴，这也是给孩子们讲脑科学演化的极好案例。如果你们都不带孩子去看看，他们又怎么能感受到其实不只是人，世间万物也都是有感情有爱的呢？

如今大多数人都生活在现代都市，离其他的生命越来越远了。你们与其让孩子看成千上万张照片，还不如带他们在家里养一回虫子，实地去看一回真的鸟。这是城市教育中缺失的一环，将来迟早得补上。

每一个父母都要重视的，就是搭建起孩子对生命的基本认知，而认知的缘起就是兴趣，有兴趣才能发展成认知。我不是很赞同家长买类似《在家就能做的科学小实验》的书，书里的试验基本是家长做给孩子看，孩子看完也不懂其中的原理，这些试验仅仅复刻了一个当下的过程，没有前因后果，也没有深入探究，孩子得不到充分的沉浸感，自然也就不会有多么深刻的印象。我认为更重要的是带孩子到野外、到博物馆、到天文馆，让他们自己去动手、去观察，这时他们才会有感觉、有印象，才能将他们的兴趣真正培养起来。

最后一点，对于一种事物的观察，其实也是可以从各种维度去进行的。在这种以实践为主要方式的教育过程中，家长确实也可以有倾向性地去培养孩子不同方面的认知，因为家长也有自己的特长或优势。但整体来讲，我们还是希望大家能够抱着一种开放的态度去进行实践教育，还是希望大家能打开天下，事事关心。

从家门口走向野外，一花一世界，一叶一菩提，每个生命都很神奇，每个生命都凝聚着大自然的智慧。而对于这些，如果抱着一种开放的心态去接触，我们都将收获更多的认知。

第五章

重视科技创新
呼唤多元教育

我劝天公重抖擞，
不拘一格降人才。

清·龚自珍
《己亥杂诗》

5.1

文化自信与文脉传承

文化自信与文脉传承的前提，其实是一个民族以善良为基石打造的底层基因。中国历史上鲜有向外侵略的经历，但并非国国如此。如果一个国家、一个民族失去了善良的底层基因而大肆扩张，往往会给人类带来灾难，这就是一件时刻要警惕的事情。因为在人类古往今来的发展历程中，大多数把人类拉到坑里的，是那些不够善良的读书人。

所以某种程度上讲，善良和读书未必就是正相关的，我们并不能拿学历的高低去衡量善良的程度，换言之，还是得要求一个民族先呼唤善良，再去谈文化自信与文脉传承的事情。

在文化自信上，中华民族的文化精神与民族性格，向来都遵循着一个“崇文尚武”的原则，时至今日依然对我们有很大的指导作用。“崇文”指的是要对自己的传统文化始终坚定自信。这个自信得是真自信，意思是要敢于承认传统文化里确实有很多糟粕，但即便舍弃掉那些糟粕，剩下来的精华部分也已经足够让我们感到骄傲有底气，值得我们坚定地相信着。“尚武”在过去指的是崇尚军事武力，在今天其实更多的指向了尊重科技，特别是硬核科技。尊重科技的本质就在于要挑战前人未曾挑战过的事情，既是见真章，也是建真章。只有做到真正意义上的“崇文尚武”，我们今天的文化自信才能够继续巩固发扬。

而文脉传承不仅要依靠家庭家风的传承，更要依靠全社会的力量。我很喜欢这几年的一档节目《中国诗词大会》，虽说背诗词未必就比做科技更好，但是推动诗词歌赋之类的正面传统文化在社会上的流行，其实可以让我们的文脉在全社会层面得到很好的宣传和推广。

如果某个事物只能自洽而不能他洽，那这个事物就一定要学会如何取其精华，去其糟粕，文化自信与文脉传承的关键正在于此。科学之所以进步，就因为它可以证伪，它始终在否定和推翻着前人的某些结论，才得以发展进步到今天的状态。

中华传统文化中，有些确实是对的，但也有些一定是错的。比如“三纲五常”，已经不符合今时今日的价值取向了，如果在这个过程中，所谓儒家的圣贤思想我们一字也不能改，那不就乱套了吗？又比如说，我们的中医其实有非常多了不起的地方，也确实有一些仍待商榷的地方。比如《本草纲目》中记载，服用白牛虱四十九枚可治天花，这又有什么科学道理呢？《本草纲目》在李时珍那个年代的认知里确实是全球范围内的经典，今日也有特别积极的正面意义，但今天你要是说这里面一个字都没错，那就是刻舟求剑了。

取其精华，去其糟粕。

由表及里，由此及彼。

博观约取，继承发扬。

要能够更多地取得互洽共洽，遵循基本逻辑地去归纳和演绎，而不单纯只是永远地自洽。这才是我们继承传统文化的基本原则。

5.2

科技是未来教育的重心

世界目前还处在一个相对和平的环境之中，如果将来因为灾害或者饥荒的发生，国与国之间再度变成了激烈竞争的关系，那中国必须做好准备，中国人必须自强。

因为我们国家的人口太多，我们也都想过上好日子，但地球的资源是有限的，所以很多发达国家都在极力防止我们超越他们。

美国早在1894年的时候就实现了GDP赶超英国，但它真正取代英国成为世界第一强国，其实是从金融体系下手的。从1944年开始，布雷顿森林体系[1]的确立使美元取代英镑，成了全球通用货币。到1969年阿波罗登月时，美国已经成为顶尖的科技强国，超前的科技思维使它和其他国家拉开了巨大的差距。而世界互联网发展到今时今日，类似的星链卫星也已经满天都是，但所有的核心根域仍然都在美国。

从GDP第一到金融第一再到科技第一，从第一大国到第一富国再到第一强国，面对美国过去一个多世纪如此迅猛的发展，我们都应该清醒地意识到，科技就是当今世界各国竞争中的核心力量，全球化进程也是不可逆转的历史趋势。所以回看我们国家今天的教育，其实不应是十四亿人自己内卷，而应该放到全球去看，我们怎么跟日本比？我们怎么跟美国比？我们怎么跟西欧、北欧比？我们能否引领下一个时代的科技创新？我们怎么去帮助非洲地区，我们怎么去帮助亚太地区，我们如何去共同建设人类命运共同体，在授人以渔的过程中将中国的文化传播出去。

1　布雷顿森林体系：第二次世界大战后以美元为中心的国际货币体系协定。

我们的教育中有一个很关键的点，就在于“为天地立心，为生民立命，为往圣继绝学，为万世开太平”。而其中的“往圣”在今时今日，既应该包括中国古代的诸子百家，也应该包括牛顿、爱因斯坦这些伟大的科学家。中国人在科技上的自立自强，不是为了称霸全世界，而是为了不再受欺负，让好人有话语权。所以从这个意义上讲，我们今天做的每一点教育的小事都是有意义的，而你能选择做一个知识型的父母，就能够帮助提高我们下一代的素质。

每一个家庭，能做什么就做什么，能发热就发热，能发光就发光，每个家庭如果光明，社会就不会黑暗。如果能做到这些，中国就会越来越强，世界就能越来越美好。

5.3

我们时代所呼唤的教育

什么教育能引领未来?

从某种程度上讲，我们呼唤教育就是教育本身，而不要带有功利性。

我们今天的教育，其实是有很多功利性的部分在里边的。这是因为在过去的几千年里，教育中都带有不少功利的色彩。古代的科举制产生了“读书就是为了做官”的思想，这是隋唐以后开始有的。而在东晋之前采用的是门阀制，只看出身，不看教育。这些思想流传至今，仍没有从我们的文化中根除，所以如今教育中的部分领域，依然还在受到这些糟粕的荼毒和影响。

而我们接下去要呼唤的是不功利的教育，它可以理解为目的多元化的教育，不去定义成功的标准。换言之，如果有家长想要为这个时代的教育做些什么，那就在于能够去接受你的孩子这一生大概就是个平凡人。但我们都要明白，平凡并不等于平庸，每个人都可以在自己热爱而擅长的领域里做到“平而不凡”。当你成为一个平而不凡的家长时，你的孩子自然就会在他感兴趣的领域里，慢慢成长为一个平而不凡的人。

只有做好自己，才能做更好的父母。但并不是说做好了自己，就一定能教出好孩子。我们常说当好人做好事不求好报，因为求好报就还存在着功利心。做好自己就觉得一定能拥有好孩子，这同样还是功利。什么才叫不功利？只管做好自己就行，所谓“但行好事，莫问前程”，其他的一切就都会是最好的安排，选择相信“相信的力量”。就像奶奶教给我的话，每棵小草上都会有一个露珠，你也不必担心你家的孩子不行。

讲完了家庭教育，我想再讲讲学校教育。

从2008年开始，华南理工大学生物工程学院王小宁院长开了一个创新班，让学生从大三开始，到华大来继续完成他们的本科课题，而且面临的会是一个个全新的学科。这是一个机遇，也是一个时代所决定的。为什么要从大三开始呢？因为至少在十年以前，生命科学可以说刚从学校学出来的时候，就已经是过时的了。

我们的学科发展太快，教授也不一定能那么及时地更新所有的知识。诺贝尔生理学或医学奖的获得者本庶佑就说过，在《自然》这种杂志上90%的观点可能都是错误的。仅看标题可能会觉得这种说法比较片面，但我认为他想表达的应该是“90%的观点是可以被修正或完善的”。

尽信书则不如无书，所以我们从这个角度去培养了一大批交叉学科人才，后来他们加入了华大，也成为今日“子弟兵”队伍的中坚力量，实际上就是让他们在一线干活，积极参与大项目，把学校跟前沿科技连接起来，鼓励他们探索新知，而不是仅仅待在学校里，学的是被人一再消化过，然后才传递给他们的知识。

我们应该知道，Univcrsity（大学）从本意来讲，就是一堆人聚在一起讨论问题的地方，明明是大家都可以去的，为什么要把它规定成象牙塔，变得高不可攀呢？

最早在古希腊城邦制的时候，大学就已经诞生了，最后才慢慢到了博洛尼亚，牛津、剑桥的出现都是公元1000年以后的事了。而我们对于“大学”本身的定义可能还是没有很明白。曾子说的“大学之道，在明明德，在亲民，在止于至善”，其实是说大学的宗旨在于弘扬光明正大的品德，适用于人们的生活，能使人达到一种完善的境界。我们现在很多人英文学得特别好，但对先贤的这些东西却可能只是背背而已。什么叫“止于至善”，其实很多人并没有真正地去理解。

所以我认为讨论的形式可能是学习最有效的方式，在交互中吸收，在碰撞中思辨。而不只是一位老师讲，所有人听，听完了背，背完了考，考的时候标点符号错了都不行。我在读书的时候特别不理解的一点，就是鲁迅先生写的任何一段话都要总结中心思想，难道他写这段话的时候真的是这么想的吗？

韩愈说：“师者，所以传道受业解惑也。”我认为“受业解惑”是必须的，但“传道”可以讨论一下。传道，传谁的道？先王之道吗？如果先王都是对的，那科技还怎么进步？其实更多的应该是辩道，讨论一下这个道对不对？所以，叫作“辩道受业解惑”是不是更好些，是不是更有启发性的思考？我所在的华大，在科技方面特别重视的是倡导碰撞性的思维，更多地给年轻人机会。我们现在面临一个生命经济的变革，就像曾经面临工业革命一样，很多人看不懂太正常了，都看得懂的就不是变革了。一个新的趋势，总是在大部分人看不见、看不起、看不懂、赶不上的过程中就已然到来了。

西方有一个很经典的案例，就是大家在讨论魏格纳提出的“大陆漂移说”的时候，即使这个学说已经被大部分科学家认可了，但因为固守传统知识的老人家都还在，这个学说就一直得不到学界的认可，最后等老人家都去世了，“大陆漂移说”的学术理论才得到认可。所以当时有人讲了一句“大逆不道”的话：“每参加一个葬礼，科学就进步一次。”

什么是权威？有些权威可能是过去行，今天不一定行，甚至还可能阻碍未来行的人。每个人在特定范围内都有可能成为权威，但任何人或组织把自己定义为权威都是危险且不明智的，所以切记要“三省吾身”，以防自己会成为团队的瓶颈甚至是瓶塞。

鲁迅在《狂人日记》里有句话讲得发人深省：“从来如此，便对么？”

比如我们可以思考一下，为什么参加任何会议的正装往往都被认为是西装领带？这是我一直在问的问题。实际上我们要求的只是一种尊重的态度。我参加过很多的峰会，当然有一些发言者西装革履，可能都是很贵的牌子，上台以后就只是念念稿。而我每次都是很精心地准备演讲稿，并且很动情地演讲，很在乎跟现场观众的互动交流，请问谁更尊重观众？谁更对得起这几百人（每人）数十分钟的时间？这个时候，和着装的关系还大吗？

进而大家可以思考，为什么英语成为全球的通行语言，包括成为科技交流的标准语言。其实这是最根本的问题——谁定义的标准？盎格鲁-撒克逊人是我们今天所定义的经典白人，他们其实也是一步步颠覆过往才有了现今地位的。工业革命始于英国，后来传播到了美国，可美国现在很多人却倒过来还从骨子里瞧不上英国。今天美国总在说知识产权的问题，却忘了他们最开始连纺织机都是向英国学的。

说实在的，我们如果不去思辨传统，不敢挑战权威，又怎么能做到科技创新？现在讲民族自信，教育上最该自信的难道不是这个民族的文化吗？难道不是这个民族延续了五千年的、刻在骨子里的东西吗？这是一种中华民族的自信心和自豪感，前提是一定要对这里面的东西“取其精华，去其糟粕”，它不都对，也有很多的劣根性，然而它好的东西也是在那里的。先王的道不会都对，先贤的道却有很多都对，所以我觉得只有思辨的讨论方式，才能够影响我们这一代的教育。

国学绝对不是简单地背一背唐诗宋词这点事儿，

而是思考为什么有些时代可以出那么多大师，他们骨子里的精神是什么？百花齐放和百家争鸣的条件是什么？让学生们在释放自己思维的时候，可以有较大的拓展空间。

人类有一个很聪明的本事，婴儿大约花九个月的时间，最长不超过二十四个月的时间，就可以学会人类社会中任何一种复杂的语言，都没有人专门地去教。谁教孩子说话了吗？没有。你只是适当地帮他纠正纠正、引导引导，他一直在听，听完后他就会说。有些人说先开语了，有些人说贵人语迟，无所谓，他都会了。是谁教了呢？不是你，也不是我，而是沉浸式学习，是体验式学习。其实学习任何技能都是如此，要明白沉浸式体验即实践的重要性，行万里路要比读万卷书更重要，要多花点时间陪孩子出去，沉浸式地去感受一下。

还有一个比较重要的点，实际上是让家长跟孩子之间都有一种比较好的方式去沟通和学习，我称之为一种互相提问和启发式的学习。家长的思维要降到孩子那个档次，变成孩子跟他们聊，而不是让他们变成成人来跟你们聊。

这种方式的对话会让他们把家长当朋友，从而激发他们问出各种各样的问题。我自己总结，父母对我最大的贡献是把我夸着长大，就批评过我两次。因为只有两次批评，其他都是夸奖，增强了我的自信心，让我相信自己是可以的。有的时候，大家会觉得是不是要让孩子去尝试一些挫折教育。我相信一生的挫折太多了，并不需要刻意去找，成人的世界里哪有“容易”二字呢？

首先我们要知道或者告诉孩子们，学习并不是一件快乐的事情，需要用心坚持。能把学习变得快乐是一种本事，那是因为采用了寓教于乐的方式。我不相信有人天生就会爱学习，顶多是对某方向有兴趣，肯主动去琢磨和钻研，他就会慢慢地变成会学习，然后才开始爱学习。我们在生理物质基础上称之为“内啡肽驱动”，一直有身体的物质基础在鼓励他往这个方向去走，所以我们要把所有人都有的，这种多样性的“内啡肽驱动”给找出来。

每个人都是不同的种子，驱动的东西是不一样的，只要找到属于自己的内驱动力，就可以在这条路上走得更远。

5.4

以身作则，静待花开

我曾经感慨，上大学的时候，你打球好有人喜欢，打电子游戏好有人喜欢，学习好有人喜欢，演讲好有人喜欢，辩论好有人喜欢……到了工作以后，往往就变成了只有有钱才有人喜欢，真的很悲哀。

其实这是社会问题的一个缩影，当我们把钱看作人生最重要的东西，甚至用钱去衡量一切的时候，教育就变成了一项急功近利的事情。以至于当下大家对教育的所有目标，似乎就只在于考上一所好大学，毕业后能好好工作，挣很多的钱，然后对下一代继续进行更好的培训，找更好的工作，挣更多的钱。

这样的做法会进一步引发电影院效应。第一排站起来了，第二排就必须站起来……你不焦虑，也会被别人带得焦虑，全民就进入到一种集体焦虑的内卷之中。这样的情况下，怎么可能出来一种令大家都满意的教育呢？更加没有幸福可言，因为大部分人可能都达不到他们希望达到的那个点。除非整个社会的观念变了，整个社会的价值观是多元化的了，才有可能缓解这种焦虑。

这些问题肯定是需要时间去解决的，但很明显如果我们永远都不改变的话，这个时间会来得更晚。实际上这可能还是一个阶段性的问题，但比较庆幸的是，我看见今天更多的孩子开始多元化了。而且大家也慢慢开始明白，教育不可能只是学校的事情，更不可能只是补习班的事情，父母在这个多元化的时代转变中也需要修炼，他们开始学着怎样去成为教育型的父母。

从生命科学的角度，我们在遗传学上常讲，当后代越少，父母要投入的精力就要越大才有可能成功，因为必须保证其成功。如果一个物种，比如信天翁这样的鸟类，一年只生育一次，每次就只产一个“蛋”，那这个“蛋”就必须要成功，否则自己的基因就断了。鱼就不会烦恼这个问题，鱼一次诞下几百万、几千万个卵都可以，死了95%，还有5%留着。而对人来说，在多子和计划生育之间的转变，必然会造成这样一个结局，对孩子来讲不知道是好事还是坏事。所以我们能体会到的这种教育的感受，可能跟上一代的父母都不一样。上一代的父母可能还没怎么做好准备，他们的孩子就自己长大了。或者说，面对多个孩子的情况，他们也不可能投入那么大的精力。

很多父母问我，为什么他们看见自己的孩子就头疼，瞧哪儿都不顺眼。我反过来问父母，你家孩子上次发烧的时候，你为什么那么着急找我问怎么办呢？因为那一刻你最想的是赶紧让他好起来，仅此而已。父母永远是不知足的，这就是父母的“我执”。孩子病的时候，只希望他赶快好起来，那时候底线很低。我国新生儿出生时的缺陷率其实有5.6%，世界上有成千上万个患有罕见病的孩子，自己的孩子能够踏踏实实地活着，健健康康地长大，不比什么都强吗？

我觉得教育的本质应该在于“执我”，也就是“执你自己”。父母自己有什么想满足的，就自己去满足。觉得弹钢琴好，那就父母自己去弹。孩子从小就在钢琴氛围的熏陶下，自然也会对弹钢琴感兴趣。世界上只有不合格的父母，孩子是从父母身上学习过来的，父母唯一能改变的，其实就是自己。自己变好了，所有事情都会变好。身教重于言传，父母如果不看书，为什么还要逼着孩子天天看书？大家特别习惯生一个“蛋”，然后告诉这个“蛋”，我们自己上一代当母鸡就算了，你下一代可要努力变凤凰啊。实际上，咱们得一起努力才有可能变成凤凰，但家长常常忘了自己要先变成凤凰。

很多父母的要求，其实都脱离了孩子当前的认知范围。换句话讲，我们永远是错位的，让孩子在该玩的时候去攀登各种书山学海，自然当孩子真的该收心读书的时候，他们就烦了，开始玩了，开始早恋了，开始打游戏了……因为父母让他们太早干了不该干的事情，所以他们一定要补偿回来。他们发觉自己终于没人管的时候，就要干以前不让干的所有事情。

我看过一个绘本叫作《阿虎开窍了》，绘本里的小老虎开始什么都不会，画画不会，吃东西也撒得满地都是，而其他的小动物都能学得很好。老虎妈妈就很焦虑，老虎爸爸却说没关系，它会开窍的，它可是老虎啊。我们从生物学的角度讲，老虎会成熟得比较晚，突然有一天它就什么都会了，也很有威严，也很有自信。从这个角度来讲的话，如果你不够有耐心去静待花开，也绝不可以去拔苗助长。

如果你真想做点什么，那就从自己身上做起。当你愿意做一件事情的时候，孩子也能萌发兴趣，渐渐也会跟着你做。比如说，你想培养一个孩子的阅读习惯，首先最基本的就是家里要有书。然后，你要拿出足够的时间自己去看书，而不是看手机。再把书放到他可以够得到的地方，让他经常能接触到，耳濡目染。之后，你再去给他讲绘本，让他慢慢地去做一些阶梯式的阅读，他自然就会看书了。这时候在他看来，书已经成了家的一部分。

我觉得在生活中，你要给自己一些“小确幸”，这是最简单的。所有人都讲大道理是没有意义的，每天逼着孩子背五十个单词，家长自己能不能背呢？每天都逼着孩子去背古诗，家长自己能不能背呢？每天逼着孩子运动，家长自己能不能运动呢？这些小确幸实际上都是久久为功的事情，像微积分的原理，看任意一个时间点是看不出来任何趋势的，但积累一两年以后可能就不一样了，所以还是要从小小的新行动开始。对实现一个伟大的目标来说，最实际的也是要把每一步都做好。未来谁也把握不了，能把握的就是现在，未来是由无数个现在组成的，所以理论上讲只要每一个现在都做好了，未来一定就是你的。

所以家长要把自己的焦虑转化成确定性，大的确定性来自于小的确定性，而不在于自己有一个很宏大的目标，但可能实际上两天就把它放弃掉了，这是没有意思的。人天生就有这种惰性，其实迈出那一小步，获得那一份“小确幸”，是不容易的。除非自己经常这么做，经常得到一些正反馈，才会逐步变成主动的行为。

我以前也不理解，为什么三代人才能培养出一代人，其实孩子需要从爷爷奶奶、姥姥姥爷那一辈，就要有一个表率，这会跨代影响到下一代的孙子孙女或外孙子外孙女。你会发现很多的高知家庭如果几代都是高知，孩子的气质是不一样的，因为他们从小看到、学到的东西可能是不同于寻常人家的，他们家里的这种生态或者说文化的基因，已经构成了一种能使他们愿意去积极向上的面貌。但对于大部分家庭来讲，可能都是刚刚富起来而已，而从富到贵，从物质上的富裕到一种精神上的高贵，是需要有一个过程的。但如果不这么倡导，我们可能永远都停在这个状态，或者说就会造成今天大多数人都把财富当成唯一追求指标的这种局面。

还有一点，追求确幸的过程并不是一个急功近利的过程。你的确幸是要求你每天都往前走就好，能往前走一点就好，而不是一定要获得确切的利益回报。因为太多人如果得不到利益的反馈，往往是坚持不了十天以上的。其实你会发现，大部分事情只要能坚持做一百八十天以上，很多习惯就都自然而然形成了。

总的来说，时代的多元价值观已经开始呼唤“教育型父母”的产生，理想的教育势必是从父母自我改变开始的，只要父母能够以身作则，从每天的小确幸开始做起，那剩下要做的，就是静待花开。

（全书完）

尹烨

华大集团CEO

哥本哈根大学生物工程博士

基因组学研究员，科普作家

曾主持、参与近百个国际基因组合作项目

长期致力于科普事业

已出版《了不起的基因》《生命密码》系列

《趣解生命密码系列》作品

做从容的父母

作者 _ 尹烨

产品经理 _ 刘树东　封面设计 _ 董歆昱　内文设计 _ 吴偲靓
插画绘制 _ 冀炯旭　产品总监 _ 熊悦妍　技术编辑 _ 顾利军
责任印制 _ 刘淼　出品人 _ 王誉

营销团队 _ 毛婷　孙烨　魏洋

果麦
www.guomai.cc

以 微 小 的 力 量 推 动 文 明

图书在版编目（CIP）数据

做从容的父母 / 尹烨著. —广州：广东经济出版社，2023.5
ISBN 978-7-5454-8593-6

Ⅰ.①做… Ⅱ.①尹… Ⅲ.①家庭教育 Ⅳ.①G78

中国版本图书馆CIP数据核字（2022）第221053号

策　　划：李　鹏
责任编辑：刘健华　吴泽莹　许　璐
责任技编：顾逸飞　陆俊帆

做从容的父母
ZUO CONGRONG DE FUMU

出 版 人：李　鹏
出版发行：广东经济出版社（广州市环市东路水荫路11号11～12楼）
印　　刷：北京盛通印刷股份有限公司
（北京亦庄经济技术开发区经海三路18号）

开　　本：787毫米×1092毫米　1/32　**印　　张**：5.75
版　　次：2023年5月第1版　**印　　次**：2023年5月第1次
书　　号：ISBN 978-7-5454-8593-6　**字　　数**：82 千字
定　　价：49.80 元

发行电话：（020）87393830　编辑邮箱：gdjjcbstg@163.com
广东经济出版社常年法律顾问：胡志海律师　法务电话：（020）37603025
如发现印装质量问题，请与本社联系，本社负责调换。